美とつながることが
目的ではない。
そうつながっている美に
気づくことが
美意識だ。

中谷彰宏

あきひろ

この本は、
3人のために
書きました。

1
美意識を磨きたいけど、
どうすればいいかわからない人。

2
美術館に行っても、
違いがわからない人。

3
美術の本を読んでも、
まったく理解できないで挫折している人。

01

プロローグ

経営者が、茶道の稽古をするのは、美で直感力を磨いているのだ。

戦国武将は、茶会を開きました。

茶会を開いた理由は、密談をするためだけではありません。

直感を研ぎすませるためです。

戦国時代は、業界再編の時代でした。

戦国武将は、情報が限られた中で、どちらの勢力につくかという決断は直感に頼らざるをえませんでした。

生き残るための直感を研ぎすませるために、応仁の乱の時代に茶道という美意識の世界が生まれたのです。

美意識を磨くことで、本能的な直感を磨くことができるのです。

幕末から明治の財閥の多くの経営者も、茶道の世界に入りました。

決断のしようがないことを決断しなければならないのがリーダーです。

情報が足りない時には、研ぎすまされた直感力だけが頼りになります。

戦国武将もリーダーも、「美意識を鍛えることによって直感力を磨こう」と決断したのです。


現代も、ビッグデータはこれからますます増えます。

時代の変革期は、これまでの延長線上ではないところで決断する必要があります。

どんなに莫大なビッグデータがあっても、それは過去の延長線上のデータです。

過去の延長線上に未来はありません。

変革期だからこそ直感力を磨く必要があるのです。

大人のセンスを身につける工夫

01

美で、直感力を磨こう。

直感は、リーダーに限らず、すべての人に必要です。

直感力を磨くための工夫が、美意識を磨くことなのです。

一流の人は、美によって直感力を磨いていくのです。

宮本武蔵は、一流の剣豪であったと同時に、一流の画家でもありました。

直感力の欠落は、戦う者にとって、命を落とすことになります。

美意識を磨くことで、直感力を磨いたのです。

なぜあの人は「美意識」があるのか。

センスを身につける51の工夫

大人のセンスを身につける51の工夫

なぜあの人は「美意識」があるのか。　目次

Chapter 2
美意識とは、道端の花の美しさに気づくこと。

Chapter 4

日常生活で、美意識を磨く。

Chapter 5
美から、生きる力をもらう。

Chapter 1

美意識がないと、一流になれない。

02

美意識は、肩書を超えて出会いを招く。

出会いから、運が開けます。

企業の受付に行って「会わせてください」とお願いしても出会えません。

異業種交流会で出会いを広めようとしても、自分と同じランクの人としか出会えません。

受付から入ると、自分と同じランクの担当者が出てきます。

美意識があれば、役職の壁を軽々と超えることができます。

今まで出会うことができなかった会長クラスの人と、出会うことができます。

出会うだけでなく、対等のおつきあいもできるのです。

自分よりはるかに上の人と知り合うことで運をつかめます。

引き立ててもらったり、世の中の仕組みを教えてもらうのは簡単なことではありません。

この時に役立つのが美意識です。

美意識を磨くと、上のランクの人と知り合えるのです。

たとえば、大企業の会長さんと出会うチャンスがありました。

会長さんが「原辰徳監督のところにバーニー・フュークスの絵があるらしい」と話した時に、なんと返事をするか。

バーニー・フュークスを知らなければ、巨人の話題にしがみつくしかありません。

会長さんは本当はバーニー・フュークスの話をしたかったのに、「この人は話ができないな」と、ガッカリします。

「不勉強でバーニー・フュークスを存じ上げないのですが、どういう絵なんですか」と聞いても、絵は知らない人には説明できないのです。

たとえ「こういう絵なんです」と説明しても、「ああ、そうなんですか」となるだけで、話している側は楽しくありません。

これで出会いのチャンスを失うのです。

今日の日本の文化の原型ができ上がったのは室町時代です。

銀閣寺を建てた将軍・足利義政は、文化や芸能を好みました。

当時、漂泊民の芸能者は、土地や仕事を持たない下層階級でした。

本来なら将軍とまみえることができない階級の芸能者が、将軍・足利義政に出会えたことで、社会は驚きました。

それが日本の文化の源流をつくる形になりました。

現代でも、上のランクの人たちと出会って勉強したいなら、文化を学べばいいのです。

たとえば、あなたが家庭教師をするとします。

家庭教師は多くの顧客を抱えることはできません。

なるべくいいお宅で家庭教師をするために、「私は教え方がうまいです」「これまで東大に何人も入れました」と、いくら言っても説得力はありません。

子どもを預ける側は、二言三言、会話をして、教養の話ができる家庭教師かどうかを判断します。

教え方は、実際に習ってみなければわからなくても、教養の話は二言三言でバレます。

家庭教師の面接に伺ったお宅で、お茶を出されました。

その出された器を見て「いい織部ですね」と言えるかどうかが勝負です。

器も見ずに黙って飲んでしまうと、チャンスをつかめません。

出されたお茶が面接になるのです。

美意識のあるお宅で仕事をするようになると、美意識はますます磨かれます。

美に興味のないお宅で仕事をし始めると、美意識の情報が何も入ってこないまま終わらなければなりません。

収入があっても美意識のないグループもあれば、収入があって美意識のあるグループもいます。

一見、収入で分かれているように見える格差は、美意識のあるなしで分かれているのです。

たとえ収入が下がっても、「美意識」という財産は消えずに残る安全ネットになるのです。

大人のセンスを身につける工夫

02

美友達を持とう。

03 美意識のある人とない人に分かれる。目利きと目利かずしかいない。

お客様がお店を選ぶように、お店もお客様を選んでいます。

唯一の判断基準は、「このお客様は目利きか、目利かずか」です。

モノの値打ちがわかっている人かどうかを判断するのです。

お金を持っている人かどうかではありません。

「目利かずのお客様だ」と感じると、お店は「収入のためのお客様」と判断します。

ワインの値打ちがわからないのに「一番高いワインをくれ」と言う人には、味にかかわらず要望どおり値段の高いワインを提供します。

ワインの値打ちを知っているお客様には、料理に合ういいワインを提供するのです。

お寿司屋さんでも、本当にいい中トロは、一尾のマグロから一切れとれるかとれないかの世界です。

最高の一切れをどのお客様に提供するかは、板前さんが決めます。

目利かずの人に最高の一切れを食べさせるのはもったいないです。

板前さんとしては、目利きの人に食べてもらいたいのです。


お客様として、いいおもてなしを受けたいなら、その商品を通して勉強して、目利きになることです。

大人のセンスを身につける工夫

03

勉強して、目利きを目指そう。

04 秋と春は、自分で感じるものだ。

「センス」という言葉が難しいのと同じように、「美意識」は漠然とした言葉です。

たとえば、「夏が猛暑だと思ったら、急に寒くなった。最近、秋はどこに行った？」と、文句を言う人がいます。

「温暖化で秋がなくなった」「冬が寒くて春を楽しみにしていたら、もう暑くなった」

これは美意識がわからない人です。

もともと、1年の中に春と秋はないのです。

夏と冬はあります。

夏と冬の間にさりげなく存在するのが春と秋です。

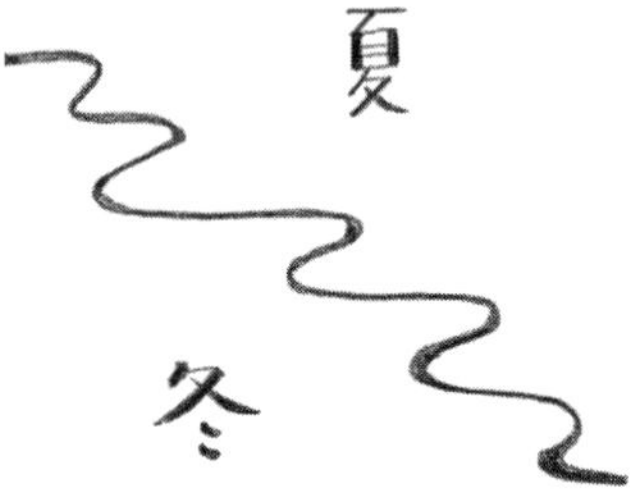

日本人の季節感

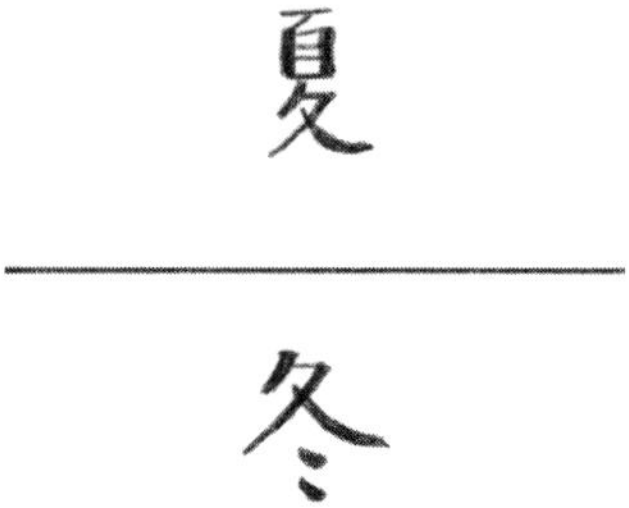

西洋人の季節感

春と秋は、自分で感じ取る力が必要なのです。

夏と冬は、水平線のようにまっすぐに分かれているのではありません。

夏と冬の間は、波打ち際のように分かれています。

日本人の美意識は、波打ち際の感覚です。

日本人が海を思い浮かべる時は、水平線ではなく波打ち際に情緒を感じます。

海なのか陸なのかよくわからない波打ち際に味わいがあるのです。

満開の桜よりも、咲き初めや散りかけ

大人のセンスを身につける工夫

04

走りと名残を味わおう。

を愛します。

食べ物でも、旬《しゅん》のモノより、その年最初に食べたスイカや初ガツオを愛します。

これが「走り」です。

逆に、「今年、この梨が最後かな」「まだ柿があったんですね」と、秋の味覚の名残を冬に味わうのです。

ド真ん中ではなく、「冬なのにちょっと暖かいね」と、小春日和を感じるのです。

「暑い、暑いと思っていたけど、今フワッと秋っぽい風が吹いたよ」「一瞬、キンモクセイの匂いがどこかからしたな」と感じるのが美意識です。

「秋来ぬと目にはさやかに見えねども　風の音にぞおどろかれぬる」です。

美は、はっきりと目に見えるものよりも、「さやかに見えぬ」ひそやかな風の音にあるのです。

05
国宝のまわりには、美しいものが集まっている。

「まず何から見ればいいですか」と聞かれます。

まず、国宝を見ることです。

「ホンモノをたくさん見なさい」と言うと、「ホンモノって何？」となります。

初心者にホンモノはわかりません。

本来、芸術品を国宝・重要文化財・何も指定なしと分けるのは、失礼なことではありります。

ただ、初心者にとっては、まず国宝を見ることが大切です。

国宝を見るのは大変じゃないかと感じるかもしれません。

国宝は全部で1100しかありません。
国宝のうち、絵画・彫刻・建造物で絞ると半分ぐらいになります。
仏像は130体です。
その大半が奈良・京都・東京に固まっています。
意識して見に行くことはそれほど難しくありません。
国宝さんに1つ出会うと、その人は国宝さんのアドレス帳に載ります。
その後は、国宝さんの方から次々と連絡が来ます。
国宝も「会いたい」と待ってくれているのです。

国宝は、単体では置いてありません。
国宝のまわりには重要文化財に値するようなモノがたくさんあります。
いい仏様が置いてあるところには、いい建物・いいお庭・いい自然があるのです。
美意識のある人と出会うこともできます。
まず国宝を1つの目印とすることです。

近所にどんな国宝があるかは、リストを調べれば簡単に出てきます。
国宝展が開催されていることもあります。
意外に、近所の人が行かないのです。
いつでも行けると思うからです。

展覧会のいいところは、期限があるところです。
国宝には、天平時代のモノもあれば、藤原時代のモノもあります。
1000年たっているので、保存のために1年中は公開しません。
公開を限定することで、保存ができるのです。
1年に3日しか公開しない国宝もあれば、何十年に1回の公開という国宝もあります。
建造物の場合は、保存するための修復期間があります。
修復中の見学は残念ではありません。
修復中の時こそ公開されるチャンスなのです。

大人のセンスを身につける工夫

05

国宝を見よう。

日本の高温多湿な環境の中で、収蔵品は年に数日、曝涼（虫干し）をします。
その虫干しという形で国宝が公開されることもあります。
国宝が公開されるチャンスを逃さないことです。

06

子どもに、美意識を相続する。

私の実家は染物屋です。

私の父親は、私が染物屋を継いでも大丈夫なように、展覧会に連れて行ってくれたり、美意識を教育してくれました。

美意識の家庭教育は今の私にとってありがたい財産です。

私の父親の兄である伯父さんは骨董屋をしています。

伯父さんは「表参道に住んでいるなら、おまえ、骨董通りで店を出さないか」と、私に言いました。

そんな事業計画まで考えていたのです。

私は骨董屋になっていた可能性もありました。

私が新入社員のころ、「めったに帰ってこないから、おまえ、ちょっと来い」と言われて、伯父さんのところに行くと、お茶を出されました。

すると、「すぐ飲むな。社長室に行くことがあるだろう。社長室に入ったら、するべきことは2つ。**壁には必ず絵があるから、その絵を見ろ。もう1つは、お茶を出されるから、その器を見ろ**」と言われました。

私は大阪の堺市出身です。

大阪の子どもは、遠足で奈良や京都のお寺に行きます。

これが子どもには最も退屈なのです。

歳をとると、自分もあの世に近づいているという思いで、お寺の味わいがわかるようになります。

生まれたばかりの子どもがお寺を見ても、味わいをまったく感じません。

奈良に行った遠足で覚えているのは、唯一、若草山の鹿です。

東大寺に行っても、印象に残るのは鹿です。

奈良の大仏は、「大きい！」と、怪獣的な味わい方をするぐらいです。

それでも、意味がわからないうちに1回会わせておくことが大切なのです。

大人になると、「こういう理由があるから、これはありがたい仏像なんだ」という知識を持って見学します。

美意識は、遺伝します。

ただし、それは親の習慣を通して遺伝するのです。意味のわからない子どもの頃に、一度観ているかどうかが大切です。

子どもに美意識を磨く習慣をつけたければ、親が美意識を磨く習慣をつければいいのです。

京都で応仁の乱が起きた時、京都のお寺はみんな大阪の堺に避難しました。

堺の豪商がお寺を建てたという歴史から、「大阪は食い倒れ、京都は着倒れ、堺は建て倒れ」と言われています。

堺の豪商は、南蛮貿易で稼いだ財産をお寺の建立につぎ込んだのです。

私の高校時代の先生は、「あの寺の底に絶対財宝が眠っている。いつか一緒に掘りに行こう」と、言っていました。


そういうお寺は、子どもがかくれんぼの場所として遊びの中で見る場合と、大人が「これは国宝だから」と思って見に行く場合とでは、味わい方がまったく違います。

意味がわからないうちの方が、頭ではなく、体で感じることができるのです。

意味がわからない子どもの時に1回見せておくと、将来が変わります。


小学校の校外学習で、河内長野の観心寺へ行きました。

観心寺にある《如意輪観音菩薩》は、国宝です。

金堂も国宝です。

当時はその凄さがわからなくても、いまだに観心寺を覚えています。

子どものころに1回見た記憶があるという体験の影響が大きいのです。

美意識は、速効性のあるものではありません。

カレーを最初に一口食べた時に、「辛いと聞いていたけど、あまり感じないな」と思うことがあります。

すると、後からジワジワと辛さを感じるのです。

一見効いていないように見えて、ボディーブローのように徐々に効いてくるものが美意識なのです。

大人のセンスを身につける工夫

06

わからないうちから、体験させておこう。

07 水平線ではなく、波打ち際にある。

西洋と日本とでは美意識の感じ方が違います。
西洋はくっきり分割します。
それに対して、日本の美意識はファジーなのです。
日本人は、ファジーを美意識として受け入れます。
わかりやすい例が少女マンガです。
少女マンガのコマ割りはきっちり切れていません。
さらに、突然バラの描かれたコマが出てきます。
『エースをねらえ！』で、お蝶夫人の背景では、花が咲いています。

この花を理解できるのが日本の美意識です。

1000年前の『源氏物語絵巻』の時代から続く表現方法です。

西洋にはこのあやふやさがありません。

マス目が切れているコマがあると、西洋では「これは未完成だ」と感じます。

日本人は「これはこういうふうにつながっているんだよね。むしろきちっとされる方が余韻がない」と考えます。

日本人は「……」という表現が好きです。

日本の美意識は、「不安定性」から生まれるのです。

西洋の美の構図は、三角形です。

三角形は、安定しているのです。

それに対して、日本の美の構図は、S字です。

《見返り美人》《紅白梅図屏風》《神奈川沖浪裏》も、S字型の構図になっています。

安定より、不安定に美を感じるのです。

西洋の美の基準は、左右対称です。

アジアでも、中国までは、左右対称です。

ところが、日本では、左右対称よりも、左右非対称に、美を感じるのです。

桜が愛されるのは、散りやすいからです。

1年で数日しか咲かないのに、国の花と感じます。

散るところを見て、「あ、いいな」と愛でる感性があります。

西洋人は「あ、散った」「終わった」と言って、花が散らないようにのりで固定しようとします。

西洋では美とはみなさない不安定さに、日本人は美を感じるのです。

西洋では、満月はくっきり見えるのをよしとします。

満月に雲がかかると、ドラキュラがあらわれるという不吉な印になります。

まがまがしいものと捉えるのです。

日本人は、月が丸々出ていると、「愛想がないね」「ちょっと雲がかかってくれないかな」と、朧《おぼろ》や霞《かすみ》で、はっきり見えない月の方に風情があると感じます。

不安定なものが美しいという感性は、日本人のＤＮＡの中にイヤでも入っています。

あとは気づかないで持っている美意識が外へ出る突破口の体験をするだけで大丈夫です。

美意識の感性をゼロから入れる必要はまったくありません。

自分の中に眠っている美意識を呼び起こせばいいのです。


たとえば、外国のマンガはフルカラーです。

日本のマンガは、時々巻頭カラーがあっても、ほとんどは線です。

カラーより線だけの方が味があるのです。

色がついてしまうと、線を味わえません。

色がないから線を味わえるというのは、日本の美学です。

日本の絵画のスタートになっているのは絵巻物です。

藤原時代の『源氏物語絵巻』は、ひき目かぎ鼻で、みんな顔が同じということに対してなんの違和感もありません。

少女マンガも顔はみんな同じです。

髪型と服装だけで、人物の違いは十分わかります。

顔にはこだわらないで、感情移入がきちんとできる力を見る側は目利きとして持っているのです。

ギリシャ彫刻も顔は同じです。

哲学者・お金持ちの基本形の顔は、理想像として決まっています。

それでも、「これは○○の彫刻だ」とわかるのは、見る側に味わう力があるからなのです。

大人のセンスを身につける工夫

07

不安定な美しさを味わおう。

08

自分の話に夢中になっていると、美を見逃す。

美意識のある人とない人が分かれる瞬間があります。

たとえば、道を歩いていて「あ、きれい」と言われた時に、その方向を見れる人と見れない人がいるのです。

見れない人は、美意識のない人です。

自分の話がオチに差しかかっている時は、「おまえ、人の話を聞かないで、花が咲いていていてきれいとはなんだ」と怒るのです。

美意識のある人は、延々振ってきた自分の話のオチの手前で「きれい」と話の腰を折られても、そのきれいなものをさっと見ます。

美しいものは、その一瞬にしかないからです。

話し終った後で見ても、もうそこにはないのです。

美は、その瞬間、その場所にしかないもので、1秒後には消えてしまいます。

だからこそ、その瞬間に見る必要があるのです。

美は、稲妻を見るようなものです。

大人のセンスを身につける工夫

08 「きれいだよ」と言われた時、すぐ見よう。

人間は、「きれいだよ」と言われた時に、「え、ワーッ」と共有できる人と、見ないで自分の話を延々続ける人とに分かれます。

レストランで料理を出された時に、連れの女性が「ワーッ、きれい」と言っても、「オレの話を聞け」と話し続ける人は美意識がないのです。

09 窓からの景色だけではなく、インテリアを見る。

高層のホテルに行くと、美意識のある人とない人に分かれます。

美意識のない人は、窓からの景色を見て、「あれはスカイツリーだ。あれは東京タワーだ。あのビル、何かわかる？」と言います。

「ああ、高いな」と、窓からの景色だけに見とれるのです。

美意識のある人は、「壁が美しいな」と壁を味わうことができます。

天井や床のデザインや置いてあるオブジェや器を見ます。

一流ホテルに父親を連れて行くと、レストランに入った時に「おい、ここはいいホテルだぞ」と言われました。

父親は「お客様の顔が違う」と言って、まずお客様の顔を見ていました。

父親もスナックを経営していたからわかるのです。

「お客様がみんな幸せそうな顔をしている」「スタッフの顔がいい」「器がいい」と、次々に気づきます。


夜景はわかりやすい美しさです。

子どもでも、誰が見てもきれいと感じます。

わかりやすい美より、気づきにくい美に気づくのが美意識です。

わかりやすい美があるところでは、逆に見落とす美があるのです。

景色に気をとられていると、目の前の器のきれいさがわかりません。

たとえば、お寿司屋さんで料理を出されると、みんな最初に料理を見てしまいがちです。

「料理もさることながら」と、まず最初に器を見られるかどうかが、美意識のある人とない人との分かれ目になるのです。

お茶会は、お茶を味わう会ではありません。

お茶を飲むことを口実に、美術品を味わう会です。

茶碗だけではありません。

千家十職という職人がいます。

茶碗師のほかに、釜師・塗師・指物師・金物師・袋師・表具師・一閑張細工師・竹細工師・土風呂焼物師などの名人が、美術品を作り上げています。

実用の中に、美を見いだせるのが、美意識なのです。

大人のセンスを身につける工夫 09

道具の美しさに気づこう。

10 美意識が、その人の軸になる。生き方を形にしたものが、美しさだ。

仏像は、お釈迦様の生き方を形にしています。

上人像は、聖人が修行してきたことを形にしています。

美術品はすべて、凄い人たちの生き方を形にしたものです。

美術品を見ることによって、自分の中に軸が生まれます。

仏像はみんな姿勢がいいのです。

仏像を見ているだけで、姿勢がよくなり、呼吸が深くなって、穏やかな表情になります。

五重塔は心柱が浮いています。

五重塔を見ていると、重かった体重が地面から10センチぐらいフワッと浮き上がるような感覚になります。

これが美との出会いです。

美意識は、その人の生き様を磨き、価値観を変えていくのです。

大人のセンスを身につける工夫 10

迷ったら、美しいものを見よう。

Chapter 2

美意識とは、
道端の花の美しさに気づくこと。

11

カメラを引いて全体を撮るのではなく、アップで切り取れるのが、美意識だ。

写真を撮ると、その人の美意識がわかります。

「太陽の塔展」があべのハルカス美術館で開催されていました。

私は、小学生の時に、立てこもり男が太陽の塔の黄金の顔の目玉に座っていた画像を覚えています。

あの大きなものが展示されるなんて「まさか」と思って、見に行きました。

レプリカか縮小サイズのモデルが置かれているのかなと思って探していると、階段を見つけました。

建築現場のような階段を上がると、あの黄金の顔が寝かせてあったのです。

実物でした。一部分、さびていました。

展覧会のパンフレットでは、大阪万博当時のさびていない写真が載っていました。

製作されて50年が過ぎ、屋外に設置されていたため、現物はさびているのです。

私は、「うわ、リアルだな」と思って、そのさびが写るように写真を撮りました。

全体は大きすぎて、1枚の写真にはおさまりません。

展示物には、試作模型をつくるためにノミを振るっている岡本太郎さんの像もありました。

私は、その像の写真も撮りました。

他の観客は全体像がわかるように撮っていました。

私は「これだよ」と思って、岡本太郎さんの顔をアップで撮りました。

写真で全体がわかる必要はないのです。

別のところにも岡本太郎さんの像があり、私は手のアップを撮りました。

岡本太郎さんのモノマネは手の特徴で表現します。

タモリさんがモノマネをする時も手の動きに特徴があります。

私は、新宿紀伊國屋の前を歩いているナマの岡本太郎さんを見たことがあります。向こうから不思議な人が来ると思いながら、独特な手の動きを見て、岡本太郎さん以外の何者でもないとわかったのです。

引きの絵は、ただの状況説明です。
説明に、美はありません。
美意識は、どれだけアップで部分を切り取れるかの勝負です。

全体をわかりやすく撮るのは狙いがぼやけています。
それでは、自分が今どこを見たいのかがわかりません。
トリミングできることが美意識なのです。

大人のセンスを身につける工夫

11

トリミングしよう。

12

美は、額縁の中にある。窓からの景色を味わう。

絵本は、日本が最高レベルです。

日本の絵本の特徴は、アップの絵です。

外国の絵本の特徴は、引きの絵です。

日本の「赤ずきんちゃん」は、ベッドにいるナイトキャップをかぶったオオカミと、その横にいる赤ずきんちゃんがアップで描かれています。

ヨーロッパでは、森の中にポツンと小さくオオカミと赤ずきんちゃんが描かれています。

感情移入より、客観描写を優先するのです。

感情移入を優先する美意識は、グーッとアップに寄るのです。

アップに寄ると、全体像が見えません。

部分から全体を想像させるのが日本の「額縁」という意識なのです。


ジャポニズムで浮世絵がフランスに入ると、ヨーロッパ人は「なんで人間が見切れているんだ」と驚きました。

西洋の絵は、必ず全身を入れます。

日本の絵は、見切れるところに味わいがあるのです。

大きな松は、幹が用紙からはみ出ることで無限の大きさを表現します。

たとえば、日本家屋に行った時は、窓を額縁にして庭の景色の一部分を切り取って眺めます。

縦長や横長に切り取ることで、全体の見えない一幅の絵をつくる感覚です。

トリミングは、どこを切り取るかが大切です。

窓から顔を乗り出して見る景色は、誰が見ても同じでつまらないのです。

美意識のある人は、窓側から離れて、「自分ならここから見る」と額縁をきちんと決めます。

日本家屋に行って、窓に近づきすぎている人は美意識がないのです。

旧グランドプリンスホテル赤坂は、ザ・プリンスギャラリー東京紀尾井町にリニューアルしました。

「ホテル」と呼ばないところが素晴らしいです。

単なるホテルではなく、美術館なのです。

コンセプトは、

① フレーム（額縁）

② レビテーション（浮遊感）

という2つです。

浮遊感は、不安定の美意識です。

安定した客観でなく、その中に入り込む主観的美意識です。

フレームは、額縁で切り取り、全体像を見せないという日本の感覚です。
写真を撮る時はどれだけアップのものが撮れるかが勝負です。
どの部分を捨て、どの部分をアップで撮るかというところに美意識が生まれるのです。

大人のセンスを身につける工夫 12

写真は、アップで撮ろう。

13
美は、静けさの中にある。

現代社会においては、日常生活の中に静けさがないのです。
常に音楽が鳴り、音が鳴っています。
時々「静かすぎて眠れない」と言う人がいます。
音がないと落ちつかなくて、すぐにイヤホンで何かを聞き始めます。
イヤホンをしていると、本来出会えたはずの静寂の美に出会えなくなります。
静寂の中で、初めて見えてくる景色、聞こえてくる音があるのです。
美しい音は、イヤホンでワンワンと鳴り続けるような音ではありません。
川のせせらぎ、鳥のさえずり、風の音……などです。

風も台風のようにビュンビュン吹く音ではなく、たまにフワーッと竹林の中を一本通りすぎていくような風の音です。

沖縄では、高級ホテルほど窓が開けっ放しです。
安いホテルになると、窓が閉まっていて、クーラーが効いています。
本来、クーラーは窓をあけていたら効かないのです。
高級ホテルでは、クーラーよりも、美を味わうことを優先します。
窓があいていると、遠くの方から海の風に乗って、三線《さんしん》の音が聞こえてきます。
これで「沖縄に来たな」と感じられます。
クーラーのために窓を閉めていたら聞こえないのです。
夏は、静かにしていると、花火の音がうっすらと聞こえてきます。
花火自体は見えません。
でも、どこかで花火大会をしていることはわかります。
静かにしていることで、初めて感じられるものです。

官能映画は、日本と外国ではまったく違います。

私は学生時代に日活ロマンポルノでアルバイトをしていたので、違いがわかるのです。

日本のポルノ映画は、ベッドシーンになると、音が消えて、衣ずれの音とか、かすかなため息だけが聞こえます。

アメリカの洋物の映画館に入った時には、「これはスポーツだ」と感じました。

イヤらしさはありません。

ベッドシーンで、ボン、ボボン、ボボン、ボボンと、軽快なリズムの音楽が入ってきます。

これでは感じることができないのです。

シーツや布団の衣ずれの音、帯をほどく音など、押し殺したような音を聞くと、何かゾクゾクします。

着物の世代でないにもかかわらず、「今、障子があいた」という音に何かを感じるのです。

禅の言葉に、「花は閑《しず》かに、鳥自ずから啼く」という言葉があります。

花が咲く時、盛大な音楽はなりません。

静かに咲きます。

だから、美しいのです。

花が静かに咲いていることは、鳥が気づきます。

気づいた鳥は、一声鳴きます。

一声だけ鳴くから、鳥の声も美しいのです。

一声鳴いたことで、静けさがまた深まるのです。

イヤホンを外している時に、自然の音楽が聴こえてくるのです。

大人のセンスを身につける工夫

13 イヤホンを、はずそう。

14

美は、見えないものの中にある。見えるものを「見る」のではなく、見えないものを「観る」。

芸術論で、「見の目弱く、観の目強く」という言葉があります。

宮本武蔵『五輪書』の中に出てきます。

敵と戦う時に、敵の動きを見ようとすると、やられます。

心眼で見ることが「観の目強く」です。

目がいいと、つい表面を見てしまいます。

年をとってだんだん目が悪くなると、表面にあらわれない美しさを感じるようになるのです。

美しさには、

① メガネをかけて見る美しさ

② メガネをかけないで感じる美しさ

の2通りがあります。

日本画を描く時には観察が大切です。

美は見えているものの中ではなく、見えないものの中にあります。

どれだけ見えないものを見ることができるかです。

『裸の王様』という童話は、間違って伝わっています。

着道楽の王様が、商人にだまされて、実際には存在しない「賢者にだけ見える服」を買うのです。

自分が愚か者と思われたくないので、誰も「見えない」とは言えません。

王様がそれを着てパレードをした時に、子どもが「王様は裸だ」と言うのです。

この話は、「見栄を張ってはいけない」というのが教訓になっています。

でも、サラリーマン的にはアウトです。

その子どもが将来サラリーマンになった時に、社長がゴキゲンでしていることに対して「裸だ」と言ったら、クビになります。

大人はみんな、それがわかっています。

まわりの大人も王様も、「どんな服だろう」と、その服を想像していました。

「見えないから裸」と言うのは、美意識のかけらもない発言なのです。


このお話には続きがあります。

恥をかかされた王様は、今までの着道楽をやめました。

王様の喜びは、「文化」と「領土拡大」の2つしかありません。

着道楽をやめて文化を捨てたことで、領土拡大に走って戦争が始まったのです。

美があることによって、戦争は回避できます。

王様の着道楽は、文化に向かっているので、いいことです。

それに対して、見えないから「王様は裸だ」と言うのは、自分の価値観と違うものに対して「裸」と呼んでいるだけです。

ネットの炎上と同じです。

「自分が見えていないだけではないか」と、謙虚に考えることが美意識なのです。

大人のセンスを身につける工夫

14

見えないものを、味わおう。

15

美は、闇《やみ》の中にある。

人間が電気を手に入れて以来、世界はどんどん明るくなっています。
仏像はやっぱり暗いお堂の中で見るのがいい。
そもそも仏像は暗いお堂の中で見るようにつくられているのです。
時々、展覧会で照明が明るすぎることがあります。
博物館では、消防法とかいろいろな問題があるからです。
博物館はトップライトです。
仏像がもともとあったところはダウンライトです。
下にろうそくがあって、その光が当たるのです。

三十三間堂は、朝日と夕日を計算して設計されています。

屏風絵は、暗い日本家屋の中で、ろうそくを立てて見ると、浮き出てくるように見えます。

そういう計算でつくられているのです。


海外の高級ホテルに行くと暗いのです。

これが外資系のホテルと日本のホテルとの差です。

日本のホテルは1周おくれです。

教会でも、お寺でも、あの暗さの中に何か大きな力を感じます。

原始時代、人間は洞窟のわずかな炎の中で暮らしていました。

わずかな光が心のよりどころです。

ラスコー展で、洞窟を3Dプリンターで再現していました。

暗さが再現されているのがリアルでした。

明治以降、「明るいものが美しい」という価値観が生まれました。

大人のセンスを身につける工夫

15 暗さを楽しもう。

災害が、大切なことを思い出させてくれたのです。

あれは新鮮な体験でした。

震災で街が暗くなった時に、まったくの別世界があらわれました。

都会は、どこへ行っても明るいのです。

暗さは最高のぜいたくです。

田舎へ行くと、とてつもなく暗い場所があります。

星の光とかホタルの光は、暗いからこそ味わえるのです。

暗くないと見ることができないものがあります。

暗い中にいると、人間の目はだんだん暗さに慣れてきます。

明るさをきわめた今、もうそろそろ暗さの中の美を見直す時が来たのです。

そこから日本は、ひたすら明るさへと向かっていきました。

16 美的価値と信仰価値がある。

西洋絵画は、キリスト教とギリシア神話がベースです。
日本絵画は、仏教がベースです。
どちらも信仰の対象がベースになっているのです。
美意識には、
① 美的価値
② 信仰価値
という2つの価値があります。
たとえば、初期のころの仏像は作者名がありません。

仏師がつくっています。
お坊さんの中で、修行として彫る担当者が仏像を彫るのです。

仏像は一木造りで、ご神木を探しまわるのに10年かかります。
それを切ってきて、乾燥させるのに、さらに10年かかります。
木は十分乾燥させないと、変形したり割れたりするのです。
そうやってできた木を、祈るように彫っていくのです。
それは作者がどうこうという問題ではありません。
仏様への信仰で成り立っている世界です。
拝まれることで、仏像はさらに進化していくのです。
「オレの技を見せてやれ」というのはないのです。

日本の仏師の中で初めて彫刻家として登場したのが、運慶です。
運慶以後、仏像には美術的な価値が加わりました。

信仰がおろそかになったわけではありません。
美と信の両方を味わえばいいのです。
美と信は、相反するものではありません。
美しいものに出会うと、信じることができるようになります。
信じることができる人は、美しいものにも、気づくことができるのです。
美と信は、一つのことなのです。

大人のセンスを身につける工夫

16

美的価値と信仰価値の両方を味わおう。

17

道端の花に気づくのが、美意識だ。

お寺に仏像を見に行ったり、美術館に有名なオールドマスター（名画）を見に行くことがあります。

美術館に行く途中の道端に咲いている花に気づけることが、美意識です。

大きなイベント、大きなご褒美、大きな目的があると、ついつい道端の花には目が行かなくなるのです。

この仕掛けは、映画にもよくあります。

映画『この世界の片隅に』では、主人公がつらい状況にある中で、画面の片隅に花が咲いています。

主人公が絶望的な状況の中で希望を抱いていることが感じ取れるかどうかです。

片隅の小さな花が目に入るか入らないかが、美意識のある人とない人との分かれ目なのです。

一番大切なものは、真ん中に置かれていません。

片隅に置かれているのです。

美しさは、主役だけにあるのではありません。

脇役の中にも、美しさがあるのです。

脇役の美しさに気づけるのが、美意識です。

大人のセンスを身につける工夫

17

道端の花の香りに気づこう。

18

「むしろ、そこがいい」に、美しさがある。

長所だけが美ではありません。

むしろ欠点に美を見いだすのが美意識です。

欠点があっても、「むしろそこがいいよね」ということです。

日本の未完の美は、「完成したものは壊れる」という考え方です。

神社・仏閣も、そういう発想でつくられています。

たとえば、門は、1カ所だけ飾りが逆につけられています。

あれはわざとです。

設計ミスではありません。

工務店さんの社長を呼んで、「ダメじゃん、こんな手抜きしちゃ」という話ではないのです。

知恩院の御影堂の屋根の上には瓦が4枚残っています。置き忘れたのではありません。わざと残してあります。「まだ途中」というのを見せているのです。

「これさえなければいいのに」ではなく、「むしろこれがあるからいいよね」と考えることが美意識です。

不完全性が多様性をよしとするのです。

美意識のある人は寛大です。

人間に対しても、その人のダメなところを「そういうところが、むしろいいんだ」と言えるのです。

大人のセンスを身につける工夫

18 逆のところの美しさを味わおう。

19

職人の心意気に、美しさがある。

一流の職人さんは、修復する時あくまでも原状復帰までにこだわります。
「自分の方が腕は上だ」と思っていたら、もっとよくしようとします。
今の技術や今の素材を使えば、もっとよくすることは可能です。
それをしないのが、職人さんの心意気です。
修復の跡は、普通は消したくなります。
職人さんは、修復したところを、あえて残します。
これが凄いのです。
どこを修復したかわからなくなると、後々、研究者が困ります。

オリジナリティーも損なわれます。

独裁国家では、文化遺産の彫刻が壊されたりします。

粉々に破壊された彫刻の断片が見つかった時は、残りの部分は色を変えて修復します。

もともとあった部分は壊された時の日焼けした色です。

新しいところは白いのです。

それをマグネットでくっつけます。

この後、パーツが発見された時に再現できるようにしているのです。

日光東照宮や清水寺を修復する人たちは、500年後の職人さんが直しやすいように修復しています。

この職人さんの心意気をリスペクトできることが美意識なのです。

大人のセンスを身につける工夫

19 職人の心意気をリスペクトしよう。

20

余白に、美しさがある。

美意識のある人は、余白に美を感じます。
広告をつくる時も、どれだけスペースをつくるかを考えます。
余白は何も書いていない場所ではありません。
何かを削った場所です。
書きかけではなく、書いて削ったところが余白です。
文字をびっしり埋めるのは簡単です。
その文字を、削って削って削って余白をつくるのです。
長編小説をはるかに超える文字数が、究極、俳句になるのです。

文字数が少ないからといって、「ラクして原稿料を稼いでいる」という世界ではないのです。

削っていって、しかも過不足なく書くのは難しいのです。

お経も、ムダな言葉はありません。

すぐれた参考書は、ムダな言葉が入っていません。

書こうと思えばいくらでも書けるのに、それを削ったのです。

庭の手入れで枝をパチパチ切るのは、奥行きのパースを出すためです。

茂っている庭を見て、「たくさん花が咲いていていいじゃないか」と言う人がいます。

庭師はそれをバッサリと切っていきます。

生け花も、花はほとんど落として、1輪だけ残します。

生け花は空間を見せているのです。

花を見せているのではありません。

大人のセンスを身につける工夫

20

余白を、味わおう。

花があることによって、その空間の空気を浮かび上がらせるのです。

味わうのは、その余白です。

日本のお皿は、柄が入っているものでも、ホワイトスペースを残します。

外国のお皿は、全面が柄で埋め尽くされています。

柄を埋め尽くさないことで、余白の美が生まれるのです。

せっかく余白の美があるお皿に、山盛りに料理を載せないことです。

ビュッフェで、お皿に乗せるには、半分以下にすることで、美を味わえるのです。

取り分けをしてあげる時でも、お皿に半分以上もらない人が、美意識のある人なのです。

余白は、何もないところではなく、一番多くの美が詰まっているところなのです。

21 美は、影にある。

「古池や　かわず飛び込む　水の音」という俳句で、芭蕉はカエルを見ていません。

俳句は「言い切り」の世界です。

「古池や　今かわずが飛び込んだかもしれない　水の音」というのは、言い切っていません。

見てもいないのに、「かわず飛び込む」と、断定するのです。

マンガ『バガボンド』で好きな場面があります。

武蔵が庭で決闘している時に、本阿弥光悦は離れた母屋で誰かと話しています。

本阿弥光悦は、見たわけではないのに、まさに武蔵の決闘が終わった時に「今、勝負がついた」と感じます。
見ていないところに何かがあるのです。

ラジオのナイターを聞くと、ドキドキします。
お相撲も、一瞬の勝負なので、ラジオ中継で聞くのは難しいのです。
それが**「見えていないものを見る」**ということです。
銭湯で女湯から聞こえてくる笑い声は、最高にセクシーです。
あれは見えていないからいいのです。
見えてしまったら、つまらない世界があります。
見えていないところに、何かを見ているのです。

「古池や　かわず飛び込む　水の音」には、音から映像を見る凄さもあります。
私はラジオのCMを毎日つくっていました。
もともとラジオドラマが好きだったのです。

大人のセンスを身につける工夫 21

影から、存在を感じよう。

ラジオドラマは、無限にいろんなことが想像できます。
見えないものを見ることが、美意識の原点なのです。
光は、影が生み出します。
影がなければ、光は生まれません。
影こそが、光なのです。
影にも色があります。
京都の家は、暗いという人がいます。
暗いのではなく、薄暗いのです。
薄暗いから、掛け軸の絵が、浮かび上がるのです。

Chapter 3

これまで気がつかなかった、美を味わう。

22

古さや傷み方も、味わう。

古い仏像は、色がとれてしまっているものもあります。

もちろん、修復は可能です。

仏像はもともと極彩色で、金やあらゆる色がついています。

「仏像は最初から黒く塗られているんじゃないの？」という思い込みは間違いです。護摩行で火を焚いたり、ロウソクの炎ですすがついたり、長い年月で黒く変色したのです。

仏像の耳の中や衣のひだの内側に、うっすらと赤や緑や黄色の極彩色が残っています。

中には「大切な国宝をなぜ修復しないのか」という議論があります。

仏像は仏教の教えのためにつくられたものです。

「形あるものはやがてなくなる」というのが仏教の根本精神です。

「仏像ですら朽ちていくんだ」と見ることによって、われわれは死を感じることができるのです。


ヨーロッパでは、お墓に貴族の彫像が置いてあります。

「私が死んで3カ月後の姿を形にしてください」という遺言でつくられた彫像です。

顔は半分骸骨になって、腸からウジ虫がわいてきている姿の彫像をわざとつくるのです。


これは「トランジ」と言います。

「トランジ」とは、「やがて変化していく」という意味です。

キリスト教では、死ぬと天国か地獄に行くしかありません。

お金持ちはみんな、「自分だけお金儲けでいい思いをして、罰当たりなことをしているんじゃないか」と、ドキドキしているのです。

そのために、「私、こんな体になっています。だから許されますよね」という彫像をあえてつくるのです。

日本の伝統としては、地獄絵があります。

地獄絵を見ることによって、人々は「ちゃんとしなくちゃいけないんだ」と考えるのです。

西洋では、神様は全知全能です。

日本では、あえて仏様がみずからの体を犠牲にして、「形あるものは必ず滅びる。それは仏像も例外ではない」と、われわれに示してくれているのです。

仏像の古さや傷みというエイジングを味わうことが大切なのです。

美は、時間の流れの中にあるのです。

大人のセンスを身につける工夫 22

エイジングを味わおう。

23 残っているものには、思いがこもっている。

私の実家の本家は骨董屋です。

私は『開運！なんでも鑑定団』に出てはいけないと言われています。

私の出した「お宝」が、鑑定で1000円と言われたら、本家の営業に迷惑がかかるからです。

1000円の鑑定が出る時ほど、VTRは豪華にできています。

中島誠之助さんは、そういう時はいつも「これはお金にかえがたい価値がありますので、お持ちになっていてはいかがでしょうか」と、慰めてくれます。

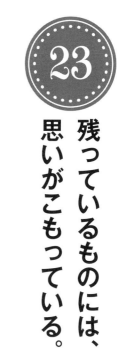

仏像に限らず、すべての芸術品は、美的価値と信仰価値の2つがあります。
どちらもありがたい。
どちらも味わえばいいのです。
江戸時代の石仏には素朴なものが多くあります。
素人に近い人たちが修行のために彫ったものを、みんなが拝んでいたのです。

日本には、明治時代の廃仏毀釈で、仏像が捨てられてきた歴史があります。
にもかかわらず、天平時代、藤原時代の仏像はたくさん残っています。
1つは、フェノロサが仏像に美的価値を見出して、海外に持ち出したからです。
もう1つは、村の人たちが守ったからです。
仏像は地方の小さなお寺にたくさん残っています。
お堂の下に埋めたり、時には古美術商に売ることで保存しました。
古美術商に売るといっても、別に悪いことではありません。
古美術商に売ることで、どこかに残るのです。

それをまた買い戻すこともできます。
そうしないと捨てられるのです。
残った仏像には、村人たちの思いがこもっています。
作ること以上に、残すことに難しさがあるのです。
古いから、値打ちがあるのではありません。
古いということは、多くの人に祈りを捧げられてきたということです。
美は、祈りから生まれます。
祈りを感じることが、美意識なのです。

大人のセンスを身につける工夫

23 守られてきたものを、味わおう。

24

飛び込んで来た石にも、美がある。

美意識の背景には、物語があります。
日本の言葉で言うと「因縁」です。
「因縁」と「因果関係」とは違います。
「AしたらBになった」というのが因果関係です。
「AしたらBになり、Cになり、Dになり……Zになった」というのが「因縁」です。
「AしたことによってZが起こった」という両者のつながりは何も見えません。
めぐりめぐってというのが「因縁」です。
「因果関係」はダイレクトです。

美意識は、因果関係ではなく、因縁関係が見えるものです。

だからこそ、深みがあるのです。

常に焦っている人は、「英語力をつけるにはどうしたらいいですか」「結婚するためにはどうしたらいいですか」「お金持ちになるためにはどうしたらいいですか」と聞きます。

「とりあえず、これをしてみたらどうですか」と言うと、「それをしたらどうなるんですか」ということばかり考えます。

美意識は、「それをしたらどうなる」とは違うところにあります。

めぐりめぐっていくからです。

奈良のあるお寺の縁側の廊下に大きい石が置かれています。

天井まで届く巨石です。

廊下にこんな巨石を置かれたままなのは不思議です。

ご神体なら、本尊的に置いたり、庭に置きます。

廊下の中途はんぱなところに置いてあるのは、台風の時の山崩れで転がり込んできたからです。

普通は、巨石が転がり込んできたら屋根を突き破ります。

廊下にある巨石は縁側から入ってきました。

そのため、仏様の変化《へんげ》と考えておまつりしてあるのです。

そういう因縁話が面白いのです。

誰か企画者がいて、縁側に巨石を運ぼうとしたら大変な騒ぎです。

お寺にとっては凄く迷惑なものです。

巨石のせいで廊下は使えません。

それでも、この寺は、転がり込んできた石をありがたいものとして受け取りました。

トラブルが起きても感謝できるものとして味わえるのが美意識なのです。

大人のセンスを身につける工夫

24 因縁を味わおう。

25 十一面観音の腕の長さに、美がある。

美しい仏像の代表の1つが《十一面観音菩薩》です。

十一面観音は、右手が長いのです。

立ち姿で、膝より下に手が伸びています。

現代のスーパーモデルをはるかに超えているのです。

長い手は、多くの人に手を差し伸べて救うことを表現しています。

千手観音は、多くの人を救うために手がたくさんあります。

それに対して、十一面観音は、頭の上に載せた11面の顔で全体を見て、見落としのないようにしています。

「見落とさずに手を伸ばしてあなたを助けます」というのは、『ＯＮＥ　ＰＩＥＣＥ』のルフィのような状態です。

解剖学的にはアンバランスで、非科学的です。

この**デフォルメ感が、美意識なのです。**

解剖学的に間違っている・正しいという見方ではありません。

ギリシャ時代は、解剖学的に正しいものを美として表現しました。

それをもう1回よみがえらせたのがルネサンスです。

ルネサンスから１００年たつと、誇張したマニエリスムが生まれました。

解剖学的に正しいことより、美的な正しさを求めるようになったのです。

ドミニク・アングルの絵も、手や首が長く描かれています。

十一面観音の腕の長さよりも、１０００本の手が生えている千手観音の方が異様です。

あれだけたくさんの手があっても気持ち悪く感じない美しさがあるのです。

東京国立博物館の「縄文展」の開催中に、隣の国立科学博物館では「昆虫展」を開催していました。

展示されている昆虫より、子どもの群れに圧倒されて、まるで「子ども展」のようでした。

子どもは昆虫が好きです。

昆虫はデフォルメのかたまりです。

昆虫のデフォルメは、効率を無視した多様性なのです。

なんのために角が大きいのか、脚が長いのかがわかりません。

むしろ、長い脚は不便です。

昆虫と同じように、美もデフォルメを味わえばいいのです。

解剖学的、生物学的には正しくないけれども美的には正しいというものが美意識です。

私は、先輩のアートディレクターから「定規は曲がっている」と教わりました。

「中谷、これ、字が曲がってないか見てくれ」と言われました。

私が定規を当てると、「いや違う、見てくれと言ってるんだよ。日本語は画数が違うから、曲がって見える時はわざと曲げないといけない」と言われたのです。

このバランス感覚は、定規でははかれないものなのです。

大人のセンスを身につける工夫

25

デフォルメを、味わおう。

26

動かないものに、動きを感じるのが、美意識だ。

動いているものには、誰でも目が行きます。
じっとしているものは目に入りません。
カエルの目玉と同じです。
カエルは、近づいてくるものだけ見えて、じっとしているものは見えないのです。
カエルを釣るにはコンニャクを使います。
コンニャクはメスの感触に近いのです。
メスだと思って飛びついたオスに、別のカエルがさらに抱きつきます。
コンニャク1つで3匹も4匹も釣れるのです。

とまっているものが見えていることが、美意識です。

カエルの目玉では、美を感じることはできません。

実際は、とまっているものが、一番動いているのです。

高速回転している独楽《こま》は、とまっているように見えます。

実際は、とまっているものの方が、動いているものよりも、もっと高速回転しているのです。

バレエでもボールルームダンスでも、「ここしかない」という絶妙な位置で立っています。

とまっているように見えますが、体の中はバランスをとるために高速で動いているのです。

弓を引く人は、一見、静かに引いています。

静かに引くには凄い力が働いています。

アイソメトリックのように、動かないように、動かないようにしながら、大きく動いているのです。
マジシャンは、何かしているような時には何もしていません。
何もしていないような時に、何かをしているのです。
観客が、怪しんでいる時には、怪しいことはしないのです。
ダンスは、体の外が動いている時には、体の中は動いていません。
体の外が動いていない時に、一番激しく、体の中が動いているのです。

大人のセンスを身につける工夫

26

動かないものを、味わおう。

27 不動明王は、とまることで振動を起こしている。

不動明王は、片方の目をカッと見開いた怖い顔をしています。
あれがなぜ「動明王」ではなく、「不動明王」なのかということです。
「動かないものの方が動いている」というのが、美意識です。
不動明王は、みずからがとまることによって、振動を全体に起こしています。
みずからが動くと、振動は飛ばせないのです。

歌の世界では、大声で歌う時より、ピアニッシシモで歌う時の方が体の疲労は大きくなります。

大人のセンスを身につける工夫

27 小さい声で振動を飛ばそう。

それだけ体に圧がかかっているのです。

お詫びをする時は、大声では謝りません。

「大変申しわけございません」と言う時は、必ず声が小さくなります。

大声で「大変申しわけございませんでした！」と言うと、「ふざけてんのか、おまえ」と言われます。

感動した時の「凄い」は、小さいつぶやき声になります。

大きな声で「凄ーい！」と言うのは、バカにされている時です。

女性をほめる時も、大声で「かわいい！」と言うと、セクハラ発言になります。

グッとこらえて、ひとり言のように小さく「かわいい」とつぶやくことで、大きな振動を飛ばせます。

これが美意識なのです。

28 神仏なのに、写実的という美しさを味わう。

仏像が面白いのは、鎌倉期のものは写実ができているところです。如来像・菩薩像・明王像を見ると「リアルだな」と感じます。そもそも架空の存在のものを写実的に感じるのは不思議です。

運慶の《無著菩薩・世親菩薩像》を見て、「こういうおじいさんいますよね」「似てる」と思うのは、本来不思議なことです。

それはオリジナルを知らないモノマネを見ている感覚です。《無著菩薩・世親菩薩像》には、オリジナルを知らないのに似ていると感じさせる美意識があるのです。

大人のセンスを身につける工夫

28 架空のもののリアルさを味わおう。

無著と世親は、いわゆる高僧です。

インド人なのに、近所にいる東洋人のおじさんのような顔をしているのです。


見ている人が、知らない人のモノマネがあります。

オリジナルの人を知らないのに、「似ている」と感じます。

それが、リアル感です。

何かに似ていると感じさせるのは、ホンモノの顔に似せるよりもっと凄いことです。

実在する人物より架空の人物の肖像の凄さが美しさにつながります。

美意識のある人は、誰も見ていないものを「架空なのにリアル」と感じることができるのです。

29

怖い明王に優しさを感じ、優しい如来に厳しさを感じる。

仏像には、

① 優しい顔の仏像

② 怖い顔の仏像

の2通りがあります。

如来は、お釈迦様が悟った状態です。

菩薩は、今は修行中で、やがて悟ることができるという状態です。

明王は、怒ってくれる人です。

天部は、戦う人です。

「怒る」と「戦う」は違います。
「怒る」は、身内に怒ってくれるのです。
「戦う」は、敵に対して戦うのです。
身内に怒るのは、くじけそうな気持ちを叱るためです。
言ってみれば、学校で優しい先生と怖い先生がいたという分け方です。
仏像は、先生と思えばいいのです。
わかりやすいのは、怖い顔の明王グループです。
優しい顔は、如来、菩薩です。

さらに、もう1つの美意識を味わうには、表情にだまされないことです。
怖い顔の明王は、目が優しいのです。
優しい顔、慈悲深い顔の如来や菩薩は、実は目が厳しいのです。
ある意味、厳しいというのは怖いことです。
怒ってくれないからです。

修行をサボっていても、「それでいいのかな?」「まあ、それでもいいけどね」と言うような厳しさがあります。

仏像は、表面だけではなく、さらに一歩踏み込んで味わうことが大切です。

十一面観音は、十一の表情を持っています。

前の顔は優しいのです。

横に怒った顔があります。

真後ろは歯を見せて爆笑する顔「暴悪大笑面」です。

煩悩を笑い飛ばしているのです。

真後ろの顔は、ふだんは光背に隠れていて見えません。

博物館の展覧会で、光背なしで展示されている時のみ、後ろの大爆笑の顔が味わえるのです。

29 奥の美を味わおう。

30

美は、見るたびに変わる中にある。

図録で知っていても、ナマで会うと意外な発見があります。
図録とナマ体験のギャップを味わうことが、美意識です。
私の父親は、ゴッホのファンです。
私は、父親を東郷青児記念美術館にゴッホの「ひまわり」を見せに連れて行きました。
「ひまわり」を見た時、父親は「大きい」と言いました。
絵も大きいですが、それ以上にパワーが大きいのです。
何かを見た時に、「あっ、知ってる」とか「それはもう見た」と言う人がいます。

これは美意識においては最低です。
同じ展覧会の期間中でも、2回行くと、2回目は全然違います。
1回目は初めて見るので、どうしても筋を追ってしまいます。
美術館にも「この絵があって、あの絵がある」という筋があります。
2回目に行くと、筋がわかっているから、見方がまったく変わるのです。
「1回見たから、見た」ではありません。

見るたびに絵は変わるのです。
絵が変わるのではなく、見る人の気持ちが変わるのです。

「意外に○○」と感じるところは、1人1人違います。
美意識は万人共通ではありません。
同じ人でも精神状態で変わるので、行くたびに違います。
「意外に○○」を味わうことが、一番大切なことなのです。
「以前はそこが好きだったけど、今はここが好き」ということが起こるのです。

美意識体験を重ね、自分の実人生を重ねることで、美意識は進化します。
美意識は、むしろ変わっていく方がいいのです。
見るたびに印象が変わるのは、見る人の心が成長するからです。
美は、ものにあるのではありません。
美は、見る人の心の中にあるのです。

大人のセンスを身につける工夫

30

「意外に○○」を味わおう。

31

美は、音と音の間にある。

ある時、お城を歩いていると太鼓の音が聞こえてきました。

「お城に太鼓っていいよな」と思いましたが、何か違和感があります。

太鼓の音が「ドンドンドン」なのです。

時代劇の映画を見ると、お城の太鼓は「ドーン」と1発です。

その1発の余韻がフワーッと続いて、それが消えたところに、次の「ドーン」が来るのです。

「ドンドンドン」は、西洋のドラムスの叩き方です。

日本の和太鼓を叩いたことのない若い人が叩いているのです。

大人のセンスを身につける工夫

31

余韻を聴こう。

教会の鐘は、「ゴォォォォーン」の「ォォォォ」を聞いています。
「ゴ」は聞いていないのです。
余韻をどれだけ聞けるかというところに、その人の美意識があります。
西洋音階に慣れている人は、「日本の音楽は遅い」と感じます。
その人は次の音を待っています。
ずっと響き続けている余韻を味わうことが美意識なのです。

32

お前立ちから、秘仏を想像して味わう。

秘仏の扉は、ふだんは閉まっています。

年に1回とか数年に1回の御開帳の時しか見られません。

扉が閉まっていても、ガッカリしなくていいのです。

そういう時は、仏様の真ん前の「お前立ち」と呼ばれる小さな仏様を拝みます。

お前立ちを拝見することで、「このお前立ちからすると、かなりご立派なものがあるぞ」ということが、あいていない扉から想像できるのです。

部分から全体を想像することが日本人の美学です。

それをハリウッドに持ち込んだのがスピルバーグです。

映画『ジョーズ』では、ジョーズはなかなか出てきません。

最初は背中のひれだけが見えています。

音楽だけは、ドゥードゥン、ドゥードゥンと、おどろおどろしいのです。

しかも、そのうちの1回は子どものいたずらです。

途中から大きなブイが海の中へズボーンと引きずり込まれます。

これでジョーズの大きさが出せるのです。

ハリウッド映画は、最初からメインをバーンと見せます。

スピルバーグの演出は、それまでのハリウッド映画になかったものです。

スピルバーグは、『未知との遭遇』でも、あの巨大なマザーシップを最後まで見せていません。

リチャード・ドレイファスが信号待ちしていると、電車も来ないのにカンカンカンカンカンと鳴り始めて、上から強烈な光を当てられて、顔の半分が日焼けします。

これで「何かある」というのを見せて、最後に一気に見せていくのです。

『ジョーズ』の場合は、サメの模型の製作に不具合があって、でき上がりが遅れたことが結果としてよかったのです。

スピルバーグのデビュー作は、ＴＶ映画『激突！』です。

追い越したトラックに、ずっとあおられるという話です。

ここでトラックの運転手は１人も出てきません。

運転手の顔を出さないことで、トラックが生き物のように見えるという怖さを描いているのです。


部分から全体というのは、ヨーロッパ映画も同じです。

ドイツでホラー映画が流行りました。

ノスフェラトウ（吸血鬼）が来る時は、影だけが迫ってきます。

お化けよりお化けを見ておびえている人の顔を映すのが、ホラー映画の定番です。

見ている人は、「いったい何を見ているんだ」と、怖くなるのです。

お化けを出してしまうと、「かぶりものだよね」と、冷めてしまいます。

本体が見えないのが一番怖いのです。

影にこそ美意識があります。

ゴジラも、まずしっぽを見て、足跡を見て、壊された屋根を見ることで、大きさを感じるのです。

「早く全体を見せろ」と言うのは、美意識のない人です。

影を見て想像することが美意識なのです。

大人のセンスを身につける工夫

32

部分から、全体を想像しよう。

Chapter 4

日常生活で、美意識を磨く。

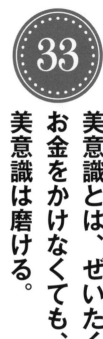

33

美意識とは、ぜいたくをすることではない。お金をかけなくても、美意識は磨ける。

「美意識を磨きましょう」と言うと、「私は贅沢はしたくない」と言う人がいます。

美意識とは、新聞をきちんと畳んで返したり、靴をきちんとそろえることです。

決して贅沢をすることではないのです。

予算がなくても、美を味わうことはできます。

むしろ、大人になっていろんなものが買えるようになればなるほど、美は遠ざかっていきます。

たしかに、美を手に入れるにはお金がかかります。

だからといって、「お金がある」イコール「美が手に入る」ということではありません。

美にこだわることは、高級ブランドを買うことではないのです。

質素な生活の中にも、美はあります。


桃山時代は、「お城」と「茶室」という対極の文化が存在しました。

「より大きく」と「より小さく」、「すべてをそろえる」と「すべてをそぎ落とす」という二極分化が起こったのです。

何となく「美」イコール「お金持ち」・「ぜいたく」というイメージがあります。

それは勘違いです。

美意識は、そぎ落としてシンプルにしていく茶室の美なのです。

大人のセンスを身につける工夫
33
お金のかからない美を味わおう。

34
おなかがすいていても、料理の美しさを味わえるのが、美意識だ。

おなかがすいている時に料理を出されると、ほとんどの人は「ワーッ、おいしそう」と言います。

駿台予備学校時代の奥井潔先生は、「諸君は、肉を見たら『食べたい』と思うだろう。これが画家になれないところだ。肉を見た時に、『この肉の美しさを描きたい』と思うのが画家だ」と教えてくれました。

これが美意識です。

料理を見て、「おいしそう」と思うのは、本能です。

本能が働く時に、それを美意識が上回れるか上回れないかで分かれるのです。

私はサラリーマン時代、広告会社でシャンプーのCMをつくっていました。年がら年中、世界中のシャンプーのCMを見ていたので、AVを見ても髪の毛を見てしまいます。

裸よりも「この撮り方があるな」「この女性、髪の毛がきれいだな」と考えるのが本能を上回るということです。

おいしいものや、エッチなものがある時に、それを上回って違う部分を見るのです。お金のあるところでも、美しいものを見られるのが、美意識です。

私は電車の中で、連れに「今、前の若いお母さんが赤ちゃんにおっぱいあげていましたね」と言われて「エッ」と驚きました。

私は前の女性の髪の毛を見ながら、「このアングルでCMもつくれるな」と思っていたからです。

ダンスの発表会では、女性はピチピチの窮屈なドレスを着るので、体に力が入るとストラップが切れることがあります。

ある美人の女性が踊っている時に、ストラップが切れておっぱいが出てしまいました。

会場で「ワーッ」と声が起こった時に、私はなぜその声が起こったのかわかりませんでした。

私は、一緒に踊っている男の先生の踊りを見ていたので、「ここ、『ワーッ』と言うところじゃないんだけどな」と不思議でした。

これが本能を上回る美意識です。

大人のセンスを身につける工夫 34 料理だけでなく、器を見よう。

お寿司屋さんと親しくなろうと思うなら、「ご主人、いい器を使っていますね。これは唐津ですね」と気づけることです。

お寿司屋さんは、「おいしい」と言われることには慣れています。

器をほめられることで、「そこに気づいてくれたか」と喜ばれて、いいお客様になれるのです。

35 美意識を磨くと、飲み会に行かなくなる。

美に出会うことで、生き方が変わります。

「飲み会に行っている時間があったら、お寺の1軒でも行ってみようかな」という気持ちになった時点で、生き方が変わってきます。

「なかなかヤル気が湧かないんですけど、どうしたらいいですか」という質問がよくあります。

本気になるには、ホンモノを見ればいいのです。

子どもがサッカーの練習を嫌がっていたら、トップアスリートの試合に連れて行きます。

そうすれば、子どもは練習をサボらなくなります。

まがいものを見ても、本気にはなれません。

ホンモノを見ることで、ホンモノの凄さを感じて、本気になれるのです。


私は大学の演劇科で映画の勉強をして、「映画を月100本見る」というノルマを自分に課しました。

レンタルビデオがない時代に、映画館まわりをして、4000本の映画を見たのです。


キッカケは、黒澤明映画を最初に見てしまったことです。

池袋文芸坐で黒澤映画をオールナイトで4本続けて見て、打ちのめされたのです。

1本目を見て、「ウワッ、凄い。こういうものをつくる仕事を僕もやりたい」と思いました。

2本目を見て、「こんな凄いのをつくられたら、僕がすることは残っていない」と思いました。

大人のセンスを身につける工夫

35 ホンモノを見て、本気になろう。

3本目を見て、「やっぱり自分もやりたい」と思いました。

4本目を見て、「やっぱり僕のすることは残っていない。でも、頑張ろう」という気持ちになったのです。

神様が私にホンモノに出会わせてくれたのです。

黒澤監督の「映画監督になるためには、毎日1枚でもいいから脚本を書け。1年たてば365枚で1本の作品になる」という言葉を聞いて、私は書き始めました。

それが私が物書きになったスタートなのです。

36

荷姿に、その人の美意識が出る。

「荷姿《にすがた》」という言葉があります。

これは、「荷づくりされたモノの外見」のことです。

私の実家の染物屋では、よく荷物を送ります。

私は父親の荒縄の結び方のきれいさに大人への敬意を感じました。

京都の老舗「川端道喜《かわばたどうき》」のちまきをいただいた時、結び方のきれいさに見とれました。

「工芸品のようでほどくのがもったいない」と思ったほどです。

一方で、手紙をもらった時、「なんでこういう切手の貼り方をするかな」「このテープの貼り方は急いだのかな」と残念に思うことがあります。

デパートで「お包みしますか」と言って包んでくれる時に、美意識のある人は短いテープ1つでとまっています。美意識のない人は、テープがたくさん貼ってあります。

そのわりには緩んでいたり、1回やり直した折り目が入っていたり、どこか破れていたりします。

きちんと折る折り紙の文化が美意識なのです。


たとえば、原稿のやりとりをする時でも、ダブルクリップの大きさを考える必要があります。

ダブルクリップはいろいろな大きさがあるのです。

「この厚い原稿はムリでしょう。1回挟めたかもしれないけれども、はずして次に挟む時は入らないよ」「なぜ少ない枚数の原稿にこの大きいクリップをした?」と感じることがあります。

大人のセンスを身につける工夫

36

ダブルクリップの大きさを考えよう。

美意識のある人は、「このコピーの枚数にはダブルクリップはこれ」「ホチキスのとめる位置はここ」と、きれいさにこだわります。

コピーでも、美意識が作用します。

盤面は汚れるので、1回拭いてからコピーをとることです。

「ずっと髪の毛が写り続けている企画書は何なんだろう」と気づくのは、清潔感というより美意識です。

「少し曲がっているのは気持ち悪くない？」とオリジナルが曲がっている時に、まっすぐに修正してコピーできるかどうかが美意識なのです。

37 2つ買うなら、柄違いでなく、ランクの上のモノを買う。

高級オーダーシャツのお店に、シャツを2枚買いに来たお客様がいました。

職人さんが「まず1枚おつくりして、それからいろいろ研究しませんか」と勧めると、お客様は「着がえの分として2枚欲しい」と言いました。

同時に2枚買う時に、美意識のある人とない人とに分かれるのです。

たいていの人が、同じモノ2枚か柄違い2枚を買います。

これが美意識のなさのあらわれです。

お店の側からすると、「この人は目利かずだな」と判断します。

目利きの人は、2枚目は1枚目よりワンランク上のシャツを買います。

そうすると、２枚の違いがわかるのです。

柄違いで同ランクのシャツを買っても、２枚の違いはわかりません。

ワンランク上のシャツを買うと、着た時に「あ、違うな」と感じます。

職人さんは、この違いを味わってほしいのです。


もちろん人それぞれ好みがあります。

どちらが上級かを知った上で好みを持てばいいのです。

並カルビと上カルビがある時に、「オレは並カルビの方が好きなんだよね」と言うのは、上カルビを食べてから言うことです。

上カルビを食べないで、「上カルビは脂が多くてきっとおいしくないはず」と言うのはＮＧです。

買い物は、モノを買いに行くことが目的ではありません。

ホテルやレストランも、ただ泊まったり、ごはんを食べに行く場所ではありません。

すべては美意識を学びに行っているのです。

私は博報堂に入社して、最初に上司に高級店へ連れて行ってもらいました。

そこで上司に、「おまえはこれからCMをつくるんだ。TVの食べ物のCMには器が出てくる。その時に器を知らなければ貧相なCMをつくることになるぞ」と教えられました。

「CM撮影で、貧相な器を用意されて『どれを使いましょう?』と言われた時に見分けがつかないと困るから、まず高級なお店はどんな器を出しているのか見ろ。たとえば、ビールのCMでも、さかなを添える時は高級で美しいものを知らないとダメだ」と言われた時に、「からすみ」が出たのです。

まるごとパクッと食べたら、「おまえ、それはそういうものじゃない。ほらな。これが勉強だ」と笑われました。

新入社員の私にとって、からすみ体験はいい勉強になりました。

部下を高級店に連れて行って美意識を教えるのが上司の役割です。

部下は、高級店に行っておいしいものを食べるのではなく、美意識を学ぶ姿勢を持つことです。

歌舞伎やお能を見に行く時は、ほかの人がどんな服装で来て、どう立ち居振るまっているかを見ることで美意識を学べるのです。

いくら高級なものを買っても、それだけでは美意識は磨けません。その物を作る職人さんの美意識を学ぶことで、磨かれるのです。

大人のセンスを身につける工夫

37

買い物から、美意識を学ぼう。

38
機能より、美しさを優先する。

火焰型土器は、教科書で誰もが知っている国宝です。

火焰型土器には焦げた跡があります。

実際の煮炊きに使っていたのです。

鍋をする時に、あの出っぱりは使いにくいです。

ここで「使いやすい道具をつくる技術がなかったんだな」と解釈する人がいます。

東京国立博物館の「縄文展」で、現代のつるんとして使いやすそうな急須に似た器が展示してありました。

現代の鍋との比較ではありません。

それも縄文式土器なのです。

「縄文展」は、若者が大ぜい見に来ていました。

急須型を見て「やればできるじゃん」と言った若者のツッコミが面白かったです。

たしかにつるんとした使いやすい器もつくれますが、縄文人には火焔型の方がいい理由があったのです。

当時、食べることは生きる力をもらうことでした。

つるんとした器より、ウワッとうねるような器で食べた方が生きる力が湧いてきたのです。

一説によると、縄目模様は蛇だと言われています。

蛇は、脱皮してどんどん新しく生まれ変わるので再生の象徴の神様です。

これで食べ物をいただくことは、蛇のパワーをもらうことでもあります。

当時は、飛び出たところで時々アチチとやけどしながら鍋を使っていた可能性があります。

美意識と効率とは時に矛盾するものなのです。
世の中はどんどん効率の方へ寄っています。
効率の方に寄っていくと、人間から生きるエネルギーを奪っていくことになります。
男の子にとっては、スポーツカーはカッコいい憧れのクルマです。
実際は、運転しにくいです。
視野は低く、タクシーに見下ろされます。
ランボルギーニやカウンタックは、一般の駐車場にとめると出にくいです。
ガルウィングは、狭いところでは開きません。
ムリにあけるとこすってしまいます。
それでも、カッコいいものは人間にエネルギーを与えるのです。
軽自動車やコンパクトカーの方がはるかに運転しやすくて便利です。
狭いところでもラクに入れます。
不便でも、便利さを犠牲にした美しいものは美意識が磨かれます。

たとえば、お能の笛は、安いモノから高級なモノまであります。

安いモノは、音がすぐ出ます。

高級になると、すぐには音が出せません。

本来は逆です。

高級になればなるほど、音を出すために熟練を要する構造になっているのが日本人の美意識なのです。

日本の戦闘機は、熟練しないと操縦が難しいものでした。

アメリカの戦闘機は、誰でも操縦できました。

ここに美意識の違いがあるのです。

ペットボトルでさっと飲めるお茶を、めんどくさい作法で飲むのが茶道です。

そのお稽古をひたすら続ける美意識は、あえて不便さを選ぶ中に美を見出しているのです。

にじり口は、究極の入りにくさです。

入りにくい入口をわざとつくることにこそ、茶道の美があるのです。

大人のセンスを身につける工夫

38

不便でも、美しいものを選ぼう。

何もかもが便利な時代になると、ちょっとでも不便だと、イラッとします。
何もかも速くなると、ちょっとでも遅いと、イラッとします。
美意識とは、不便や遅さに、面白さを見出すことです。
美意識を磨くことで、切れなくなるのです。

39

自分指定の国宝を見つける。

京都には、国宝がたくさん集まっているところがあります。

たとえば、東寺です。

東寺の講堂には、「国宝をこんな狭いところに置いては申し訳ない」と思うほど、ギューギューに置かれています。

それが弘法大師の狙いでもあります。

弘法大師の作品に、絵で描かれた曼荼羅を立体的な仏像で表現した四天王像の立体曼荼羅があります。

私は、食堂《じきどう》に置かれている昭和5年の火事で焼け焦げてしまった四天王像を見に行きました。

お寺のホームページの情報だけでは、見られるかどうかは行ってみないとわかりません。

最初に、ぎゅうぎゅうに展示された国宝や重要文化財を見ているうちに、受付終了の4時半になってしまいました。

食堂の入口にはロープがかかっていました。

美術館とは違い、お寺は入口と出口が同じです。

中にいる人が残り30分間見てから出られるようにロープにはスキ間がありました。

私が「ああ、しまった、ほかのものに時間を使いすぎた。でもあそこにあるから遠目で見てもいいいな」と思って入り口から背伸びして見ていると、「ちょっとすみません」と後ろからオバちゃんが来ました。

そのオバちゃんが通り過ぎる刹那に「これは係のオバちゃんじゃないぞ。観光客の図々しい人だな」と感じました。

オバちゃんの強さは、順路をまったく無視できる行動力を持っていることです。

そこで、私もロープのスキ間から入るオバちゃんの連れのような顔でスッと中へ入ったのです。

四天王像は、そばで見ると迫力がありました。

焦げているからこそ、いかにも本当に戦ったような雰囲気があるのです。

四天王像を修復しようという話もあるそうです。

私は、修復しないで、できるだけ樹脂で固めて、今のままの状態を残してもらいたいです。

この四天王像は、戦前は国宝指定でした。

今はその指定もはずれて、重要文化財でもありません。

それでも、私の心の中では「中谷指定国宝」です。

美意識を磨くとは、本当に自分の好きなものに出会うということです。

「好きなもの」が「国宝」になっていなくてもいいのです。

大人のセンスを身につける工夫

39

自分なりの国宝を持とう。

大事なのは、「国宝も観たけど、これも自分的には好き」というものを持つことです。

ただ、他のは見たことないけど好きというのは、本当の好きではないのです。

美意識を磨くためには、自分なりに「これは国宝」と認定するリストをつくればいいのです。

所有はしなくていいのです。

出会うことが大切なのです。

40

目に映るあらゆるものから、インスピレーションを得る。

写真家のノーマン・パーキンソンは、**「美意識を磨くには、とにかく移動中のクルマで寝るな」**と、アドバイスしています。

移動中のクルマでは、とにかく目を見開いて景色を見るということです。

これは、私の父親がふだんしていることです。

父親は、東京－大阪間の新幹線内で目をギンギンにして景色を見ます。

東京－大阪間の新幹線からずっと外を見ていても、あるところから似たような景色が続きます。

それでも、ギンギンに見ているのです。

クルマで移動する時も、ずっと外の景色を見ています。

もちろん、仕事でクルマを運転することもあります。

父親は「運転するより助手席に乗っている方が、景色を見られるから楽しい」と言います。

それは私にも遺伝しています。

私は、移動中に寝ません。

「クルマの中で少しでも目を閉じて脳を休めた方がいいですよ」と言われても、つい目をギンギンにしてしまいます。


何か面白いものが目に入ってくると、そこからインスピレーションが湧くからです。

何かを見ることが目的ではありません。

木の枝に咲く1輪の花を見て、「あんなところに花が咲いている」と気づくことで、まったく関係ない何かがスパークしてひらめく瞬間があるのです。

「あそこに虹がある」「雲がある」というきれいな景色だけが、インスピレーションにつながるのではありません。

芸術作品だけでなく、街なかの看板を1つ見るだけで、「そういえば……」と、視覚から刺激を受けることがあります。

景色だけではなく、自分のまわりには常に何かヒントになるものがたくさん隠れているのです。

美意識を鍛えることで、インスピレーションや刺激を受け、企画力が湧いてくるのです。

大人のセンスを身につける工夫

40

移動中に眠らない。

41 靴をそろえるところから、美意識は生まれる。

美意識の1つが「そろえる」ということです。

きれいなノートはレイアウトがそろっています。

ノートには罫線が入っているので、横の線は誰でもそろいます。

きれいなノートは、縦の線もそろっています。

数学のできる子は、「イコール」の位置がそろっています。

きれいに書かれた手紙は、大きい字、小さい字はあっても、まっすぐの線がきちんとそろっています。

「そろえる」の基本は、靴をそろえることです。

子どもは最初、右左がわかりません。

右左を覚えたら、玄関で靴をそろえることを教わります。

日本人がそろえることにこだわるのは、靴を脱ぎ履きする回数が多いからです。

旅館の女将さんの一番の仕事は、スリッパをそろえることです。

1日中、ずっとスリッパをそろえています。

どんなに豪華な旅館でも、スリッパが乱れていたらイヤです。

スポーツの強い学校は、靴がそろっています。

ブラバンで強い学校は、置かれた楽器が、定規ではかったように、きちんと等間隔で置かれています。

強い選手のロッカーは、きちんと整っています。

野球選手は、試合のたびにホテルに泊まります。

その選手の調子が一番よくわかっているのが、ハウスキーパーです。

同じ選手でも、調子がいい時は部屋がきれいで、調子が悪い時は乱れています。

心の乱れが部屋の状態に出るのです。

そろえることによって、心は整います。

ある大企業の社長は、ホテルに泊まった後、「お泊りにならなかったのかな」と思うぐらい部屋をきれいにしてチェックアウトします。

これが心の余裕です。


私の実家は染物屋なので、浴衣を扱っていました。

父親と一緒に旅行すると、父親の浴衣と布団の畳み方に神々しさすら感じます。

浴衣をきれいに畳んだり、ひもをきれいに結ぶだけで、「凄いな。これができるようになるのが大人なんだな」と、尊敬できるのです。

日本人の中には、基本的に「きちんとそろえる」というＤＮＡがあります。

駐車場でも、きちんととめたいです。

斜めになっていたら、運転がヘタだと思われないように、もう一回切り返してとめます。

外国には、そんな人はいません。

前から突っ込んで、車どめをガッタンと乗り越えてとめます。

オバちゃんのとめ方と同じです。

線をまたいでとまっても、まったく平気です。

日本人は、左右の間隔を見て、もう一回入れ直します。

タイヤの向きに納得がいかないと、時間がかかっても、もう一回やり直すのです。

「畳む」「そろえる」は、日本人の折り紙文化です。

折り紙というと、造形のことだけをとらえがちです。

折り紙は日本人の美意識の基本です。

日本人は、丸めて捨てたらかさばるものを、きちんと畳んで捨てるのです。

飛行機の中で読んだ新聞をどう返すかでも分かれます。

新聞は大判なので、読むと乱れます。

それをきちんと返す人と、クチャクチャになったまま返す人とがいるのです。

クチャクチャになった新聞は、次の人が気持ち悪いのです。

「次に使う人は神様だ」というぐらいの気持ちでいることが大切なのです。

使った後に洗面台の水滴を拭いて出るのが、美意識です。

自分が使う前にキレイでいてほしいけど、あとはどうでもいいというのは、キレイ好きとはいいません。

キレイ好きとは、自分が使った後をキレイにしたいということです。

美意識を磨くことで、清潔感も身につくのです。

大人のセンスを身につける工夫

41

きちんと、畳もう。

42

近づきすぎると、わからない。

展覧会に行くと、どうしても作品の前に寄っていきがちです。

ＴＶと同じで、前に寄ればいいというものではないのです。

映画館でも、前へ寄りすぎると光の粒子が見えるだけで、なんだかわからなくなります。

「マイベスト・ビューポイント」を持つことが美意識です。

私の父親は野球が好きです。

自分でも野球をやっていました。

父親は監督の気分で見たいので、いつも三塁側内野スタンドから見ていました。

三塁側は本塁へ入っていくところなので、試合全体が把握できるのです。

それが父親のマイベスト・ビューポイントなのです。


仏像は、大きさにかかわらず、前に寄りすぎると味わえなくなります。

だんだん後ろに下がっていくと、ちょうど仏像と目が合うところがあります。

多くの人が前へ寄りすぎています。

少し下がって、みんながあまり行かない自分だけのビューポイントを持てるのが美意識です。


何を見るかではなく、どう見るかが美意識です。

「どこから見るか」という視点を持つことが美意識です。


クルマのCMをつくる時は、どのアングルで撮るかが重要です。

クルマにはカッコいいアングルがあります。

そのカッコいいアングルから自分が見るのです。

たとえば、クルマが発進する前にパワーステアリングでタイヤがキュッと動くところが、クルマのシズル感です。

入ってきたタイヤのまま出ていくのではなく、キュッと出ていくタイヤの回転がカッコいいのです。

クルマのコマーシャルを撮るなら、私はこれを出したいです。

クルマの運転のうまさは、バックのうまさです。

ルパン三世がタバコをくわえながらバックして、タバコの煙が前へたなびくのが美意識なのです。

大人のセンスを身につける工夫

42

マイベスト・ビューポイントを持とう。

Chapter 5

美から、生きる力をもらう。

43

美しいものに触れると、生きる力が湧いてくる。

美しいもののよさは、単にきれいだからではありません。

人間が石器時代からずっと美しさにこだわってきたのは、美しくなければ生き延びられなかったからです。

東京大学の博物館に、ハンドアックス（手斧）という石器が置かれていました。

持ちたくなる形をしています。

こういう石は自然界に落ちていません。

自然のモノではなく、その形にデザインされたのです。

大人のセンスを身につける工夫

43 美しいものから、生きる力をもらおう。

世界中どこに行ってもその形で残っているのです。

当時、アマゾンがなかった旧石器時代から、その形が何万年も続くロングセラーになっているのは、美しいからみんなが使い続けたのです。

旧石器時代は、生きるか死ぬかの時代でした。

現代社会は悩みの多い時代ですが、旧石器時代は悩んでいるヒマがありません。

自殺もない時代です。

飢餓・病気・天変地異・寒さがあり、猛獣がいる中で生き延びなければならない時に美しいものがあるのは、人間に生きる勇気を与えるからなのです。

44

美は、寄り道したところにある。余裕がないと、美しいものを見ることができない。

美は、近道にはありません。

大通りの真ん中ではなく、ふと寄り道した脇に美はひっそりとあるのです。

「ここにありますよ」という矢印が出ていれば、誰でも気づきます。

脇道で「こんなところにこんなきれいなものがあるじゃない」と気づけるのが美意識です。

もともと「これがきれいなものです」と置いてあるモノを見て、「ワーッ、凄い」と感じるのは美意識ではありません。

みんなのお墨付きがついているからです。

それはトレーニングのためにあるモノです。

そのトレーニングもしながら、「ここにこんなものがあって」と、みんなが気づかない美しいものにどれだけ気づけるかが勝負です。


そのためには、寄り道をすればいいのです。

この時、寄り道ができる人とできない人とに分かれます。

寄り道をするためには余裕が必要です。

「すみません、このお寺、10分でさっと行って帰りましょう」と言う人は、余裕がありません。

「今日は、このお寺1軒でいいじゃないですか」と言う人に、「いや、せっかく奈良に来たんだから、5軒ぐらいまわりましょう」と言う人は、必死感ばかりで余裕がなく、肝心の美しいものに出会えないで終わってしまいます。

京都に比べ、奈良に圧倒的にタクシーやバスが少ないのは、人々に余裕があるからです。

余裕がないと、美しいものには出会えません。

美しいものに出会うことによって、余裕が生まれるのです。


日本人が海外旅行に行くと、何軒まわれるかという競争になります。

ふだん忙しく仕事をしているのと同じ感覚で旅行に行く人は、忙しく観光します。

男性は、1カ所に滞在すると、「ここの名所旧跡を何軒まわるかが腕の見せどころだ」と、つい頑張ってしまいます。

女性は違うのです。

まったり旅行したいと考えます。

旅慣れた人になると、「今日、この美術館で1日過ごしましょう」という気持ちに変わります。

スイスのサン・モリッツにあるセガンティーニ美術館で、「今日はここで1日過ごしましょう」と言われても、「セガンティーニって、面白いな」と1日いても退屈しません。

美術館で、家のリビングやカフェにいるようにくつろげる感覚は美意識につながります。

人生においては、美意識を磨くことによって余裕を持つことが大切なのです。

「時間の余裕があったら、美術館に行く」というのでは、永遠に忙しい負のスパイラルから抜け出せません。

忙しいからこそ、美に触れて、余裕を取り戻すのです。

美しいものは、余裕のない生活の負のスパイラルを抜け出すキッカケになるのです。

大人のセンスを身につける工夫

44

美しいものを見ることで、余裕を持とう。

45

ネットに頼らず、美は、ナマで味わう。

美術館の企画展で、時々、「スケジュール的にどうしても行けないので、図録だけ送ってもらえますか」と言う人がいます。

学芸員の人が嘆いていました。

図録では意味がないのです。

今は印刷技術が上がっています。

図録でも、たしかにきれいに再現はされています。

でも、ナマの迫力はやっぱり違うのです。

色も違うし、アングルも違います。

彫刻には自分の好きなアングルがあります。

図録は、わかりやすいアングルで撮られています。

自分の好きなアングルとは限らないのです。

クルマの好きな人は、クルマのパンフレットがどんなにきれいでも、振動感とかシートのかたさは乗ってみて、確かめます。


芸術はナマで味わうものです。

究極、芸術品は芸術を味わっているのではありません。

その芸術品から生まれる「振動」を味わっているのです。

ホンモノとレプリカとでは、部屋の空気感が違います。

今は3Dプリンターでスキャナーをかければ、形は完璧に再現できます。

でも、振動は再現できないのです。

一流の彫刻になると、部屋に1個だけしか置かれていません。

2個置くと振動がぶつかるからです。

ホンモノが持つ振動は、それぐらい凄いのです。
京都の東寺では、立体曼荼羅で仏像がギューギューに置かれています。
これはこれで振動がオーケストレーションを起こしています。
そのために、わざと狭いところにギューギューに置いているのです。
その振動は、図録ではわかりません。
ナマで会う凄さは、ここにあるのです。

大人のセンスを身につける工夫

45

ネットで見た気にならない。

46 美しいものに出会った時、写真を撮ろうと思わない。美しさは、写真に写らない。

いまは全員がカメラを持ち歩いて、何か気になるものを見たら、すぐに撮るのです。

そこには、メリットとデメリットがあります。

ディズニーランドのパレードは、ほとんどの人が写真を撮っています。

大学の授業も、ノートをとる人はいません。

みんなパシャパシャ写真を撮っています。

先生の授業の方もパワポです。

そんな中で、私は相変わらず「ホワイトボードに手書き」という黒板芸を続けています。

本当に美しいものは、写真は撮れないのです。

これが美意識です。


写真を撮る余裕のある時点で、美に感動していないのです。


美しさが写真に写らないことは、わかっています。

たとえば、時々、月がとても大きく見える時があります。

それを写真に撮っても、「遠っ。あの大きさは何だったのか」と思います。

きれいな夕焼けを写真に撮っても、やっぱり何か違います。


最近、美術館では写真を撮ってもいいコーナーを設けています。

コンサートやミュージカルでも、パブリッシングの一環として、エンディングを写真に撮って拡散してくださいと言っています。

写真に撮っても、家に帰ってから見ることはありません。

写真をSNSにあげたら、その後は見ないのです。

私が写真を撮らないのは、感動が写らないからです。

大人のセンスを身につける工夫 46

写真を撮らない。

撮ったものは、ナマで見たものとは何か違います。

それがわかっているから、目に焼きつけているのです。

誰でも簡単に写真が撮れる時代だからこそ、写真で撮れないものを目と心に刻み込むことが大切です。

カメラには振動は写りません。

ナマで講演を聞いた時に伝わるのは、コンテンツではなく、その先生が持っている振動です。

振動を味わうことが美意識なのです。

47 美しさは、脳ではなく、内臓が感じる。

内臓は、自分の意識で動かせません。

「もっと鼓動を早くしよう」と思っても、できないのです。

好きな人に会ってドキドキするのは、勝手にドキドキしているだけです。

おさめようと思っても、おさまらないのです。

たとえば、おなかがすくと、おなかが鳴ります。

番組の収録中とか、おなかが鳴ってはいけない場面で、マイクが拾うぐらいの大きい音で「グー」と鳴るのです。

とめようと思ってもとまらないし、鳴らそうと思っても鳴りません。

これは内臓が出すＳＯＳです。

「好きな人がそこに来たぞ。なんとかしなくちゃ」、「おなかがすいてるぞ。ここで食べないと餓死するぞ」というアラートなのです。

精神的、身体的に追い詰められた状況でアラートが鳴るのが、美しさです。


ある出版社の人に、「能古島のアイランドパークの菜の花畑がきれいです」と教えてもらいました。

その後、私は女性と一緒にそこへ行きました。

そこらここらに菜の花が咲いていましたが、想像していたのとは違っていました。

私は「こんなレベルだったか。失敗したかな。女性を連れて来て悪いことしちゃったな」と思いました。

坂を登り切ったところまで行って、それで帰ることにしました。

ところが、登っていくと、向こう側の下り斜面に一面の菜の花畑が目に入ってきました。

この構図はスピルバーグが得意の手法です。

指名手配されている人間が、「この坂を登り切ったら逃げ切れる」と思って登っていくと、一面の１００台くらいのパトカーがあらわれるのです。

私は思わず「スピルバーグか」とツッコみました。


斜面に一面の菜の花畑、その向こうに海、その上に空が広がっています。

三色のトリコロールです。

そこで私は「怖い」と感じました。

きれいな景色は「死」を感じさせます。

菜の花の間に道が斜めに切ってあります。

私のいたところからは道は見えません。

そこに小さな女の子の顔だけが見えて、こちら側に手を振っています。

私は「ここで行ったら終わりだな」と感じました。

「あの世」感があるのです。

大人のセンスを身につける工夫

47

内臓で、感じよう。

「臨死体験の人たちがよく言うお花畑ってこれだな」と思いました。
これが内臓的感覚です。
頭で感じるのではなく、何かがクッと来るのです。
鳥肌が立つのもそういう感覚です。
自分で操作できないところに行くことが、美意識なのです。

48

雅《みやび》だけではなく、鄙《ひな》びの味も味わう。

美には「雅《みやび》」「貴族的」「オシャレ」というイメージがあります。

「雅《みやび》」の逆が「鄙《ひな》び」です。

「鄙《ひな》にはまれな美人」は、「こんな人里離れた田舎に、こんな美人がいる」ということです。

鄙《ひな》びは、一つの美意識です。

これだけ都会化した今でも、田舎へ行くとバスは1日4本ぐらいしかありません。

「時刻表いるの？」と思うぐらい、バス停の時刻表は真っ白です。

字が消えたのではなく、4つぐらいポツポツと時間が書いてあります。

コントでしか見たことがないぐらいの鄙《ひな》び感です。

まるで時がとまったように感じます。

タイムスリップをするのにタイムマシンはいりません。

空間を変えるだけで、昔の時代がそのまま残っているのです。

昭和どころか、天平時代から変わらないようなところも、たくさん残っています。

今は雅《みやび》に出会うのは比較的簡単です。

鄙《ひな》びに出会うのは貴重な体験です。

私のように田舎から都会へ出てきた人間は、両方を知っています。

都会生まれ都会育ちの人は、鄙《ひな》びを味わったことがありません。

だからこそ、鄙《ひな》びは大切な美意識になるのです。

映画とか絵画の中でしか見たことのない鄙《ひな》びた村、鄙《ひな》びた自然が、21世紀の日本でも、少し行けば、まだまだたくさんあるのです。

都会化されたものは、狭い範囲の中で集まっています。

その分、鄙《ひな》びたところは地方にたくさん残っているのです。
「わびさび」の「さび」とは、錆びることです。
時間の長さを味わうことです。
「わび」は、空間の大きさを味わうことです。
余裕がなくなると、時間単位が短くなります。
空間単位も短くなります。
美意識を磨いておかないと、「遠いよ」とキレます。
空間の移動は、時間の移動でもあります。
空間移動をすることで、今まで知らなかった世界に、出会えるのです。

大人のセンスを身につける工夫

48

タイムスリップを味わおう。

49

本番の手前から、すでに、美は始まっている。

長寿ＴＶ番組『渡辺篤史の建もの探訪』で、渡辺篤史さんは、なかなか家に入りません。

「どうぞお入りください」と言われても、「ちょっと待ってください。ご主人。このアプローチどうですか」とか「このドアどうですか」と言っています。

手前を味わえるところが美意識です。

美意識を味わえない人は、すぐに本題へ入ってしまいます。

フグのおいしいお店に行くと、「早くフグ出せ」と言うのです。

本当は、フグの手前に出てくる料理がおいしいのです。

お通しからおいしいし、座った時のご主人の顔からおいしいし、店のたたずまいからおいしいのです。

おしぼりの気合いも違います。

一流店のおしぼりは、温度も質感も違います。

メインよりお通しを味わえるのが美意識です。


いい旅館に行くと、みんな早く部屋を見たがります。

部屋までの動線を味わうことが美意識です。

露天風呂は離れたところにあります。

そこへ行く動線が、すでにいいのです。

その先に凄くいいものがあると、手前のよさを見逃してしまいがちです。

手前にある美に気づく人と気づかない人がいるのです。

そういうものは視覚以外の情報で入ってきます。

私は子どもの時に神戸の六甲に住んでいました。

すぐ隣が王子動物園です。

王子動物園には、入ってすぐのところにメインの象がいました。

その象の匂いがたまらなくいいのです。

その匂いこそが王子動物園です。

京都から新大阪に向かう新幹線の中で、たこ焼ときつねうどんの昆布ダシのにおいが漂ってきます。

まだ新大阪駅に着いていないうちから車内に昆布ダシのにおいが漂い始めるのか不思議です。

においを味わうことが美意識なのです。
大人のセンスを身につける工夫
49

本番の手前の美を味わおう。

50

美しいものは、わざと不便にして、雑踏に紛れないようにしている。

お寺も美術館も、不便なところにあります。
駅前にはありません。
スペースが必要だからだけではありません。
結界をつくって、雑踏と切り離しているのです。
お寺や美術館は、「異界」です。
日常生活でざわついている気持ちを整えて、異界へ入っていくのです。
美意識と出会うことで、「生きる力」がよみがえります。
異界に行くための結界としての動線として、お寺は長い石段の上にあって、ハアハア言いながら登っていくのです。

あの石段は、わざと登りにくいような足運びでできています。

着物を着た人を基準にしているということもあります。

それにしても歩きにくいのです。

お茶室の動線も歩きにくくつくっています。

歩くことに集中しないと転んでしまうのです。


エスカレーターとエレベーターに慣れている現代人は、石段を登ると息が上がります。

最初は「上に登った時に何を食べよう」とか「あいつのせいで」とか、雑念だらけだったのに、登っているうちに雑念が消えていきます。

あの石段は、雑念を払うための装置です。

これで力が抜けるのです。

力が抜けた状態で山の上で景色を見ると、凄いお堂に出会えます。

ピーンと張り詰めた違う空気に出会います。

「ウワッ、なんだこの景色は」と感動します。

エレベーターとかロープウェイで登ると、それを味わえないのです。


『巨人の星』の最終回で、星飛雄馬は大リーグボールを投げました。

星一徹は、その大リーグボールを打つために、最大のライバルであり、親友の伴忠太に逆立ちをさせました。

逆立ちすることで、手がしびれて、力が抜けます。

その状態で大リーグボールを打つという作戦です。

腕立て伏せはまさに石段です。

経営者は、トライアスロンが好きな人が多いです。

ヘトヘトになった時に、見える何かがあります。

大人のセンスを身につける工夫 50
世界観を、味わおう。

51

エピローグ

美は、待ってくれている。息を切らしながら石段を登るから、美しさを味わえる。

美は、「頑張ってたどり着かなくては」というものではありません。
美は待ってくれています。
だから、こちらから訪ねていくのです。

美は1カ所に固まっていません。
たった1つの仏像を見るために、バスが1日4台しかないところにまで行き、石段をハアハア登って訪ねて行きます。

「訪ねていく」という動線の中に、美があるのです。

そこに行くまでに、すでに美に出会っていて、つながっているのです。


そこに行くことは決まっています。

向こうも待っています。

出会ったら、「やっと来たね」という感じです。

こちらは「初めまして」という感覚ですが、「初めまして」ではないのです。

向こうは来ることがわかっていて、「早く来ればいいのにな」と思っています。

むしろ待たせているのは自分の方です。

向こうがなかなか会ってくれないということではないのです。

美は、はるかかなたにあるのではありません。

今目の前にあって、1歩踏み出すだけで出会えます。

にもかかわらず、その1歩を踏み出さないで、「自分は美と関係ない」と言う人がいるのです。

それは関係がないのではありません。

関係に気づいていないだけです。
すべての人が美の中で生きています。
「自分は、美なんて、縁がない」ということはありません。
美に縁がない人はいません。
すべての人のDNAの中に、美を愛する気持ちがあります。
夕焼けを観て、しみじみする気持ちが、美意識です。
夕焼けにしみじみできる美意識があることで、仲間と寄り添い、助け合い、我々の
祖先は、過酷な環境を乗り越えることができたのです。
しみじみするDNAがなければ、とっくに絶滅していました。
すべての人が、美とつながっています。
あなた自身も、誰かにとっては、美の一部なのです。
自分が美とつながっていることに気づくことが、美意識なのです。

大人のセンスを身につける工夫
51 訪ねて行こう。

中谷彰宏主な作品一覧

『１秒で刺さる書き方』(ユサブル)
『なぜあの人には「大人の色気」があるのか』(現代書林)
『昨日より強い自分を引き出す61の方法』(海竜社)
『状況は、自分が思うほど悪くない。』(リンデン舎)
『一流のストレス』(海竜社)
『成功する人は、教わり方が違う。』(河出書房新社)
『名前を聞く前に、キスをしよう。』(ミライカナイブックス)
『なぜかモテる人がしている42のこと』(イースト・プレス　文庫ぎんが堂)
『人は誰でも講師になれる』(日本経済新聞出版社)
『会社で自由に生きる法』(日本経済新聞出版社)
『全力で、１ミリ進もう。』(文芸社文庫)
『「気がきくね」と言われる人のシンプルな法則』(総合法令出版)
『なぜあの人は強いのか』(講談社＋α文庫)
『大人になってからもう一度受けたい コミュニケーションの授業』(アクセス・パブリッシング)
『運とチャンスは「アウェイ」にある』(ファーストプレス)
『大人の教科書』(きこ書房)
『モテるオヤジの作法２』(ぜんにち出版)
『かわいげのある女』(ぜんにち出版)
『壁に当たるのは気モチイイ　人生もエッチも』(サンクチュアリ出版)
書画集『会う人みんな神さま』(DHC)
ポストカード『会う人みんな神さま』(DHC)
『サクセス＆ハッピーになる50の方法』(阪急コミュニケーションズ)

【面接の達人】(ダイヤモンド社)

『面接の達人　バイブル版』

『ファーストクラスに乗る人のお金２』
『ファーストクラスに乗る人の仕事』
『ファーストクラスに乗る人の教育』
『ファーストクラスに乗る人の勉強』
『ファーストクラスに乗る人のお金』
『ファーストクラスに乗る人のノート』
『ギリギリセーーフ』

【ぱる出版】
『粋な人、野暮な人。』
『品のある稼ぎ方・使い方』
『察する人、間の悪い人。』
『選ばれる人、選ばれない人。』
『一流のウソは、人を幸せにする。』
『セクシーな男、男前な女。』
『運のある人、運のない人』
『器の大きい人、器の小さい人』
『品のある人、品のない人』

【リベラル社】
『50代がもっともっと楽しくなる方法』
『40代がもっと楽しくなる方法』
『30代が楽しくなる方法』
『チャンスをつかむ　超会話術』
『自分を変える　超時間術』
『一流の話し方』
『一流のお金の生み出し方』
『一流の思考の作り方』

【秀和システム】
『人とは違う生き方をしよう。』
『なぜ　あの人はいつも若いのか。』
『楽しく食べる人は、一流になる。』
『一流の人は、〇〇しない。』
『ホテルで朝食を食べる人は、うまくいく。』
『なぜいい女は「大人の男」とつきあうのか。』
『服を変えると、人生が変わる。』

【日本実業出版社】
『出会いに恵まれる女性がしている63のこと』
『凛とした女性がしている63のこと』
『一流の人が言わない50のこと』
『一流の男　一流の風格』

【主婦の友社】
『輝く女性に贈る　中谷彰宏の運がよくなる言葉』
『輝く女性に贈る　中谷彰宏の魔法の言葉』

【水王舎】
『なぜあの人は「教養」があるのか。』
『「人脈」を「お金」にかえる勉強』
『「学び」を「お金」にかえる勉強』
『結果を出す人の話し方』

【毎日新聞出版】
『あなたのまわりに「いいこと」が起きる70の言葉』
『なぜあの人は心が折れないのか』

【大和出版】
『「しつこい女」になろう。』
『「ずうずうしい女」になろう。』
『「欲張りな女」になろう。』
『一流の準備力』

【すばる舎リンケージ】
『好かれる人が無意識にしている言葉の選び方』
『好かれる人が無意識にしている気の使い方』

【ベストセラーズ】
『一歩踏み出す５つの考え方』
『一流の人のさりげない気づかい』

『お金の不安がなくなる60の方法』(現代書林)

中谷彰宏主な作品一覧

『ラスト３分に強くなる50の方法』
『答えは、自分の中にある。』
『思い出した夢は、実現する。』
『面白くなければカッコよくない』
『たった一言で生まれ変わる』
『スピード自己実現』
『スピード開運術』
『20代自分らしく生きる45の方法』
『大人になる前にしなければならない50のこと』
『会社で教えてくれない50のこと』
『大学時代しなければならない50のこと』
『あなたに起こることはすべて正しい』

【PHP研究所】
『なぜあの人は、しなやかで強いのか』
『メンタルが強くなる60のルーティン』
『なぜランチタイムに本を読む人は、成功するのか。』
『中学時代にガンバれる40の言葉』
『中学時代がハッピーになる30のこと』
『14歳からの人生哲学』
『受験生すぐにできる50のこと』
『高校受験すぐにできる40のこと』
『ほんのささいなことに、恋の幸せがある。』
『高校時代にしておく50のこと』
『中学時代にしておく50のこと』

【PHP文庫】
『もう一度会いたくなる人の話し方』
『お金持ちは、お札の向きがそろっている。』
『たった３分で愛される人になる』
『自分で考える人が成功する』

【だいわ文庫】
『いい女のしぐさ』
『美人は、片づけから。』
『いい女の話し方』
『「つらいな」と思ったとき読む本』
『27歳からのいい女養成講座』
『なぜか「HAPPY」な女性の習慣』
『なぜか「美人」に見える女性の習慣』
『いい女の教科書』
『いい女恋愛塾』
『やさしいだけの男と、別れよう。』
『「女を楽しませる」ことが男の最高の仕事。』
『いい女練習帳』
『男は女で修行する。』

【学研プラス】
『美人力』（ハンディ版）
『嫌いな自分は、捨てなくていい。』

【あさ出版】
『孤独が人生を豊かにする』
『「いつまでもクヨクヨしたくない」とき読む本』
『「イライラしてるな」と思ったとき読む本』

【きずな出版】
『しがみつかない大人になる63の方法』
『「理不尽」が多い人ほど、強くなる。』
『グズグズしない人の61の習慣』
『イライラしない人の63の習慣』
『悩まない人の63の習慣』
『いい女は「涙を背に流し、微笑みを抱く男」とつきあう。』
『ファーストクラスに乗る人の自己投資』
『いい女は「紳士」とつきあう。』
『ファーストクラスに乗る人の発想』
『いい女は「言いなりになりたい男」とつきあう。』
『ファーストクラスに乗る人の人間関係』
『いい女は「変身させてくれる男」とつきあう。』
『ファーストクラスに乗る人の人脈』

『もう一度会いたくなる人の聞く力』
『【図解】仕事ができる人の時間の使い方』
『仕事の極め方』
『【図解】「できる人」のスピード整理術』
『【図解】「できる人」の時間活用ノート』

【PHP文庫】
『入社3年目までに勝負がつく77の法則』

【オータパブリケイションズ】
『レストラン王になろう2』
『改革王になろう』
『サービス王になろう2』

【あさ出版】
『気まずくならない雑談力』
『なぜあの人は会話がつづくのか』

【学研プラス】
『頑張らない人は、うまくいく。』
文庫『見た目を磨く人は、うまくいく。』
『セクシーな人は、うまくいく。』
文庫『片づけられる人は、うまくいく。』
『なぜ あの人は2時間早く帰れるのか』
『チャンスをつかむプレゼン塾』
文庫『怒らない人は、うまくいく。』
『迷わない人は、うまくいく。』
文庫『すぐやる人は、うまくいく。』
『シンプルな人は、うまくいく。』
『見た目を磨く人は、うまくいく。』
『会話力のある人は、うまくいく。』
『ブレない人は、うまくいく。』

【リベラル社】
『モチベーションの強化書』
『問題解決のコツ』
『リーダーの技術』

『速いミスは、許される。』(リンデン舎)
『歩くスピードを上げると、頭の回転は速くなる。』(大和出版)
『結果を出す人の話し方』(水王舎)
『一流のナンバー2』(毎日新聞出版)
『なぜ、あの人は「本番」に強いのか』(ぱる出版)
『「お金持ち」の時間術』(二見書房・二見レインボー文庫)
『仕事は、最高に楽しい。』(第三文明社)
『「反射力」早く失敗してうまくいく人の習慣』(日本経済新聞出版社)
『伝説のホストに学ぶ82の成功法則』(総合法令出版)
『リーダーの条件』(ぜんにち出版)
『転職先はわたしの会社』(サンクチュアリ出版)
『あと「ひとこと」の英会話』(DHC)

恋愛論・人生論

【ダイヤモンド社】
『なぜあの人は感情的にならないのか』
『なぜあの人は逆境に強いのか』
『25歳までにしなければならない59のこと』
『大人のマナー』
『あなたが「あなた」を超えるとき』
『中谷彰宏金言集』
『「キレない力」を作る50の方法』
『30代で出会わなければならない50人』
『20代で出会わなければならない50人』
『あせらず、止まらず、退かず。』
『明日がワクワクする50の方法』
『なぜあの人は10歳若く見えるのか』
『成功体質になる50の方法』
『運のいい人に好かれる50の方法』
『本番力を高める57の方法』
『運が開ける勉強法』

中谷彰宏主な作品一覧

ビジネス

【ダイヤモンド社】

『50代でしなければならない55のこと』
『なぜあの人の話は楽しいのか』
『なぜあの人はすぐやるのか』
『なぜあの人の話に納得してしまうのか[新版]』
『なぜあの人は勉強が続くのか』
『なぜあの人は仕事ができるのか』
『なぜあの人は整理がうまいのか』
『なぜあの人はいつもやる気があるのか』
『なぜあのリーダーに人はついていくのか』
『なぜあの人は人前で話すのがうまいのか』
『プラス１%の企画力』
『こんな上司に叱られたい。』
『フォローの達人』
『女性に尊敬されるリーダーが、成功する。』
『就活時代しなければならない50のこと』
『お客様を育てるサービス』
『あの人の下なら、「やる気」が出る。』
『なくてはならない人になる』
『人のために何ができるか』
『キャパのある人が、成功する。』
『時間をプレゼントする人が、成功する。』
『ターニングポイントに立つ君に』
『空気を読める人が、成功する。』
『整理力を高める50の方法』
『迷いを断ち切る50の方法』
『初対面で好かれる60の話し方』
『運が開ける接客術』
『バランス力のある人が、成功する。』
『逆転力を高める50の方法』
『最初の３年その他大勢から抜け出す50の方法』
『ドタン場に強くなる50の方法』
『アイデアが止まらなくなる50の方法』
『メンタル力で逆転する50の方法』
『自分力を高めるヒント』
『なぜあの人はストレスに強いのか』
『スピード問題解決』
『スピード危機管理』
『一流の勉強術』
『スピード意識改革』
『お客様のファンになろう』
『なぜあの人は問題解決がうまいのか』
『しびれるサービス』
『大人のスピード説得術』
『お客様に学ぶサービス勉強法』
『大人のスピード仕事術』
『スピード人脈術』
『スピードサービス』
『スピード成功の方程式』
『スピードリーダーシップ』
『出会いにひとつのムダもない』
『お客様がお客様を連れて来る』
『お客様にしなければならない50のこと』
『30代でしなければならない50のこと』
『20代でしなければならない50のこと』
『なぜあの人は気がきくのか』
『なぜあの人はお客さんに好かれるのか』
『なぜあの人は時間を創り出せるのか』
『なぜあの人は運が強いのか』
『なぜあの人はプレッシャーに強いのか』

【ファーストプレス】

『「超一流」の会話術』
『「超一流」の分析力』
『「超一流」の構想術』
『「超一流」の整理術』
『「超一流」の時間術』
『「超一流」の行動術』
『「超一流」の勉強法』
『「超一流」の仕事術』

【PHP研究所】

「本の感想など、どんなことでも、
あなたからのお手紙をお待ちしております。
僕は、本気で読みます。」

中谷彰宏

〒160-0023　東京都新宿区西新宿6-15-1 ラ・トゥール新宿511
水王舎気付　中谷彰宏行
※食品、現金、切手などの同封は、ご遠慮ください（編集部）

中谷彰宏は、盲導犬育成事業に賛同し、この本の印税の一部を（公財）日本盲導犬協会に寄付しています。

【著者略歴】

中谷彰宏　（なかたに・あきひろ）

1959年、大阪府生まれ。早稲田大学第一文学部演劇科卒業。84年、博報堂に入社。CMプランナーとして、テレビ、ラジオCMの企画、演出をする。91年、独立し、株式会社中谷彰宏事務所を設立。ビジネス書から恋愛エッセイ、小説まで、多岐にわたるジャンルで、数多くのロングセラー、ベストセラーを送り出す。「中谷塾」を主宰し、全国で講演・ワークショップ活動を行っている。

■公式サイト　https://an-web.com

なぜあの人は「美意識」があるのか。

2019年４月10日　第一刷発行

著　者	中谷彰宏
発行人	出口 汪
発行所	株式会社 水王舎
	〒160-0023
	東京都新宿区西新宿6-15-1 ラ・トゥール新宿511
	電話　03-5909-8920
本文印刷	新藤慶昌堂
カバー印刷	歩プロセス
製本	ナショナル製本
ブックデザイン	井上祥邦
編集協力	土田修
編集統括	瀬戸起彦（水王舎）

ISBN978-4-86470-118-1 C0095

中谷彰宏の本

「学び」を「お金」にかえる勉強

中谷彰宏・著

学び方を学ぶ人が、稼ぐ。

稼げるようになる 53 の具体例

できないことに対してなんとか代替案を出せる人が稼げるのです。（本文より）稼いでいる人は何を見て、そしてそこからどう学び、活かしているのか一。学校では教えてくれない本当の「学び」のヒントが詰まった 1 冊。年収 1 億円以上稼ぐ人の頭の中身が理解でき、ミリオネアに近づくことができます！

定価（本体 1300 円＋税）ISBN 978-4-86470-029-0

中谷彰宏の本

「人脈」を「お金」にかえる勉強

中谷彰宏・著

一度に大勢と会うよりも、1人ずつ会おう。
人生のステージがアップする52の具体例

学ぶということは、出会った人にしがみついて、その人から何かをつかんで自分が生まれ変わることです。（本文より）一度きりの出会いを大切にすれば、人と会うたびに自分と周りの人たちとの関係性が変化し、新たな世界がたち現れる。ワンランク上のステージにアップしたい方たちにオススメです。

定価（本体 1300 円＋税）ISBN 978-4-86470-037-5